HINDI
VOCABULARIO

ESPAÑOL-
HINDI

Las palabras más útiles
Para expandir su vocabulario y refinar
sus habilidades lingüísticas

3000 palabras

Vocabulario Español-Hindi - 3000 palabras más usadas

por Andrey Taranov

Los vocabularios de T&P Books buscan ayudar en el aprendizaje, la memorización y la revisión de palabras de idiomas extranjeros. El diccionario se divide por temas, cubriendo toda la esfera de las actividades cotidianas, de negocios, ciencias, cultura, etc.

El proceso de aprendizaje de palabras utilizando los diccionarios temáticos de T&P Books le proporcionará a usted las siguientes ventajas:

- La información del idioma secundario está organizada claramente y predetermina el éxito para las etapas subsiguientes en la memorización de palabras.
- Las palabras derivadas de la misma raíz se agrupan, lo cual permite la memorización de grupos de palabras en vez de palabras aisladas.
- Las unidades pequeñas de palabras facilitan el proceso de reconocimiento de enlaces de asociación que se necesitan para la cohesión del vocabulario.
- De este modo, se puede estimar el número de palabras aprendidas y así también el nivel de conocimiento del idioma.

T&P Books Publishing
www.tpbooks.com

ISBN: 978-1-78616-562-6

Este libro está disponible en formato electrónico o de E-Book también.
Visite www.tpbooks.com o las librerías electrónicas más destacadas en la Red.

VOCABULAIRE THAÏ POUR L'AUTOFORMATION
Dictionnaire thématique

Les dictionnaires T&P Books ont pour but de vous aider à apprendre, à mémoriser et à réviser votre vocabulaire en langue étrangère. Ce lexique présente, de façon thématique, plus de 3000 mots les plus fréquents de la langue.

- Ce livre comporte les mots les plus couramment utilisés
- Son usage est recommandé en complément de l'étude de toute autre méthode de langue
- Il répond à la fois aux besoins des débutants et à ceux des étudiants en langues étrangères de niveau avancé
- Il est idéal pour un usage quotidien, des séances de révision ponctuelles et des tests d'auto-évaluation
- Il vous permet de tester votre niveau de vocabulaire

Spécificités de ce dictionnaire thématique:

- Les mots sont présentés de manière sémantique, et non alphabétique
- Ils sont répartis en trois colonnes pour faciliter la révision et l'auto-évaluation
- Les groupes sémantiques sont divisés en sous-groupes pour favoriser l'apprentissage
- Ce lexique donne une transcription simple et pratique de chaque mot en langue étrangère

Ce dictionnaire comporte 101 thèmes, dont:

les notions fondamentales, les nombres, les couleurs, les mois et les saisons, les unités de mesure, les vêtements et les accessoires, les aliments et la nutrition, le restaurant, la famille et les liens de parenté, le caractère et la personnalité, les sentiments et les émotions, les maladies, la ville et la cité, le tourisme, le shopping, l'argent, la maison, le foyer, le bureau, la vie de bureau, l'import-export, le marketing, la recherche d'emploi, les sports, l'éducation, l'informatique, l'Internet, les outils, la nature, les différents pays du monde, les nationalités, et bien d'autres encore …

TABLE DES MATIÈRES

LA FLORE 93

LES PAYS DU MONDE 97

GUIDE DE PRONONCIATION

Alphabet phonétique T&P	Exemple en thaï	Exemple en français

Voyelles

[a]	ห้า [hâ:] – hâa	classe
[e]	เป็นลม [pen lom] – bpen lom	équipe
[i]	วินัย [wi? naj] – wí–nai	stylo
[o]	โกน [ko:n] – gohn	normal
[u]	ขุ่นเคือง [kʰùn kʰɯːaŋ] – khùn kheuang	boulevard
[aa]	ราคา [ra: kʰa:] – raa–khaa	camarade
[oo]	ภูมิใจ [pʰuːm tɕaj] – phoom jai	tour
[ee]	บัญชี [ban tɕʰiː] – ban–chee	industrie
[eu]	เดือน [dɯːan] – deuan	Une sorte de long schwa [ə]
[er]	เงิน [ŋɤn] – ngern	Comme [o] sans arrondir les lèvres
[ae]	แปล [plɛː] – bplae	hacker
[ay]	เลข [leːk] – lâyk	aller
[ai]	ไปป์ [paj] – bpai	maillot
[oi]	โพย [pʰoːj] – phoi	coyote
[ya]	สัญญา [sǎn ja:] – sǎn–yaa	caviar
[oie]	อบเชย [ʔòp tɕʰɤːj] – òp–choie	Combinaison [ə:i]
[ieo]	หน้าเชียว [nâ: siːaw] – nâa sieow	KIA (auto)

Consonnes initiales

[b]	บาง [ba:ŋ] – baang	bureau
[d]	สีแดง [sǐ: dɛːŋ] – sěe daeng	document
[f]	มันฝรั่ง [man fà ràŋ] – man fà–ràng	formule
[h]	เฮลซิงกิ [heːn siŋ kì?] – hayn–sing–gì	[h] aspiré
[y]	ยี่สิบ [jîː sìp] – yêe sip	maillot
[g]	กรง [kroŋ] – grorng	gris
[kh]	เลขา [le: kʰǎ:] – lay–khǎa	[k] aspiré
[l]	เล็ก [lék] – lék	vélo
[m]	เมลอน [me: lɔ:n] – may–lorn	minéral
[n]	หนัง [nǎŋ] – nǎng	ananas
[ng]	เงือก [ŋɯːak] – ngêuak	parking
[bp]	เป็น [pen] – bpen	panama
[ph]	เผา [pʰàw] – phào	[p] aspiré
[r]	เบอรรี่ [bɤː rîː] – ber–rêe	racine, rouge
[s]	ซอน [sôn] – sôrn	syndicat
[dt]	ดนตรี [don tri:] – don–dtree	tennis

Alphabet phonétique T&P	Exemple en thaï	Exemple en français
[j]	ปั้นจั่น [pân tɕàn] – bpân jàn	Tchèque
[ch]	วิชา [wíʔ tɕʰaː] – wí–chaa	[tsch] aspiré
[th]	แถว [tʰɛːw] – thǎe	[t] aspiré
[w]	เดี๋ยว [kʰìːaw] – khieow	iguane

Consonnes finales

[k]	แม่เหล็ก [mɛː lèk] – mâe lèk	bocal
[m]	เพิ่ม [pʰɤːm] – phêrm	minéral
[n]	เนียน [niːan] – nian	ananas
[ng]	เป็นห่วง [pen hùːaŋ] – bpen hùang	parking
[p]	ไม่ขยับ [mâj kʰà ja p] – mâi khà–yàp	panama
[t]	ลูกเป็ด [lûːk pèt] – lôok bpèt	tennis

Remarques

Ton égal - [ā] การดูล [gaan khon]
Ton bas - [à] แจกจ่าย [jàek jàai]
Ton descendant - [â] แตม [dtâem]
Ton haut - [á] แช็กโซโฟน [sáek-soh-fohn]
Ton montant - [ǎ] เนินเขา [nern khǎo]

ABRÉVIATIONS
employées dans ce livre

Abréviations en français

adj	-	adjective
adv	-	adverbe
anim.	-	animé
conj	-	conjonction
dénombr.	-	dénombrable
etc.	-	et cetera
f	-	nom féminin
f pl	-	féminin pluriel
fam.	-	familiar
fem.	-	féminin
form.	-	formal
inanim.	-	inanimé
indénombr.	-	indénombrable
m	-	nom masculin
m pl	-	masculin pluriel
m, f	-	masculin, féminin
masc.	-	masculin
math	-	mathematics
mil.	-	militaire
pl	-	pluriel
prep	-	préposition
pron	-	pronom
qch	-	quelque chose
qn	-	quelqu'un
sing.	-	singulier
v aux	-	verbe auxiliaire
v imp	-	verbe impersonnel
vi	-	verbe intransitif
vi, vt	-	verbe intransitif, transitif
vp	-	verbe pronominal
vt	-	verbe transitif

CONCEPTS DE BASE

1. Les pronoms

tu	คุณ	khun
il	เขา	khăo
elle	เธอ	ther
ça	มัน	man

nous	เรา	rao
vous	คุณทั้งหลาย	khun tháng lăai
vous (form., sing.)	คุณ	khun
vous (form., pl)	คุณทั้งหลาย	khun tháng lăai

ils	เขา	khăo
elles	เธอ	ther

2. Adresser des vœux. Se dire bonjour

Bonjour! (fam.)	สวัสดี!	sà-wàt-dee
Bonjour! (form.)	สวัสดี ครับ/ค่ะ!	sà-wàt-dee khráp/khâ
Bonjour! (le matin)	อรุณสวัสดี!	a-run sà-wàt
Bonjour! (après-midi)	สวัสดีตอนบ่าย	sà-wàt-dee dtorn-bàai
Bonsoir!	สวัสดีตอนค่ำ	sà-wàt-dee dtorn-khâm

dire bonjour	ทักทาย	thák thaai
Salut!	สวัสดี!	sà-wàt-dee
salut (m)	คำทักทาย	kham thák thaai
saluer (vt)	ทักทาย	thák thaai
Comment allez-vous?	คุณสบายดีไหม?	khun sà-baai dee măi
Comment ça va?	สบายดีไหม?	sà-baai dee măi
Quoi de neuf?	มีอะไรใหม?	mee à-rai mài

Au revoir! (form.)	ลาก่อน!	laa gòrn
Au revoir! (fam.)	บาย!	baai
À bientôt!	พบกันใหม่	phóp gan mài
Adieu! (fam.)	ลาก่อน!	laa gòrn
Adieu! (form.)	สวัสดี!	sà-wàt-dee
dire au revoir	บอกลา	bòrk laa
Salut! (À bientôt!)	ลาก่อน!	laa gòrn

Merci!	ขอบคุณ!	khòrp khun
Merci beaucoup!	ขอบคุณมาก!	khòrp khun mâak
Je vous en prie	ยินดีช่วย	yin dee chûay
Il n'y a pas de quoi	ไม่เป็นไร	mâi bpen rai
Pas de quoi	ไม่เป็นไร	mâi bpen rai
Excuse-moi!	ขอโทษที!	khŏr thôht thee
Excusez-moi!	ขอโทษ ครับ/ค่ะ!	khŏr thôht khráp / khâ

excuser (vt)	ให้อภัย	hâi a-phai
s'excuser (vp)	ขอโทษ	khŏr thôht
Mes excuses	ขอโทษ	khŏr thôht
Pardonnez-moi!	ขอโทษ!	khŏr thôht
pardonner (vt)	อภัย	a-phai
C'est pas grave	ไม่เป็นไร!	mâi bpen rai
s'il vous plaît	โปรด	bpròht
N'oubliez pas!	อย่าลืม!	yàa leum
Bien sûr!	แน่นอน!	nâe norn
Bien sûr que non!	ไม่ใช่แน่!	mâi châi nâe
D'accord!	โอเค!	oh-khay
Ça suffit!	พอแล้ว	phor láew

3. Les questions

Qui?	ใคร?	khrai
Quoi?	อะไร?	a-rai
Où? (~ es-tu?)	ที่ไหน?	thêe năi
Où? (~ vas-tu?)	ที่ไหน?	thêe năi
D'où?	จากที่ไหน?	jàak thêe năi
Quand?	เมื่อไหร?	mêua rài
Pourquoi? (~ es-tu venu?)	ทำไม?	tham-mai
Pourquoi? (~ t'es pâle?)	ทำไม?	tham-mai
À quoi bon?	เพื่ออะไร?	phêua a-rai
Comment?	อย่างไร?	yàang rai
Quel? (à ~ prix?)	อะไร?	a-rai
Lequel?	ไหน?	năi
À qui? (pour qui?)	สำหรับใคร?	săm-ràp khrai
De qui?	เกี่ยวกับใคร?	gìeow gàp khrai
De quoi?	เกี่ยวกับอะไร?	gìeow gàp a-rai
Avec qui?	กับใคร?	gàp khrai
Combien? (dénombr.)	กี่...?	gèe...?
Combien? (indénombr.)	เท่าไหร่?	thâo rài
À qui? (~ est ce livre?)	ของใคร?	khŏrng khrai

4. Les prépositions

avec (~ toi)	กับ	gàp
sans (~ sucre)	ปราศจาก	bpràat-sà-jàak
à (aller ~ ...)	ไปที่	bpai thêe
de (au sujet de)	เกี่ยวกับ	gìeow gàp
avant (~ midi)	ก่อน	gòrn
devant (~ la maison)	หน้า	nâa
sous (~ la commode)	ใต้	dtâi
au-dessus de ...	เหนือ	nĕua
sur (dessus)	บน	bon
de (venir ~ Paris)	จาก	jàak

en (en bois, etc.)	ทำใช้	tham chái
dans (~ deux heures)	ใน	nai
par dessus	ข้าม	khâam

5. Les mots-outils. Les adverbes. Partie 1

Où? (~ es-tu?)	ที่ไหน?	thêe nǎi
ici (c'est ~)	ที่นี่	thêe nêe
là-bas (c'est ~)	ที่นั่น	thêe nân
quelque part (être)	ที่ใดที่หนึ่ง	thêe dai thêe nèung
nulle part (adv)	ไม่มีที่ไหน	mâi mee thêe nǎi
près de ...	ข้าง	khâang
près de la fenêtre	ข้างหน้าต่าง	khâang nâa dtàang
Où? (~ vas-tu?)	ที่ไหน?	thêe nǎi
ici (Venez ~)	ที่นี่	thêe nêe
là-bas (j'irai ~)	ที่นั่น	thêe nân
d'ici (adv)	จากที่นี่	jàak thêe nêe
de là-bas (adv)	จากที่นั่น	jàak thêe nân
près (pas loin)	ใกล้	glâi
loin (adv)	ไกล	glai
près de (~ Paris)	ใกล้	glâi
tout près (adv)	ใกล้ๆ	glâi glâi
pas loin (adv)	ไม่ไกล	mâi glai
gauche (adj)	ซ้าย	sáai
à gauche (être ~)	ข้างซ้าย	khâang sáai
à gauche (tournez ~)	ซ้าย	sáai
droit (adj)	ขวา	khwǎa
à droite (être ~)	ข้างขวา	khâang kwǎa
à droite (tournez ~)	ขวา	khwǎa
devant (adv)	ข้างหน้า	khâang nâa
de devant (adj)	หน้า	nâa
en avant (adv)	หนา	nâa
derrière (adv)	ข้างหลัง	khâang lǎng
par derrière (adv)	จากข้างหลัง	jàak khâang lǎng
en arrière (regarder ~)	หลัง	lǎng
milieu (m)	กลาง	glaang
au milieu (adv)	ตรงกลาง	dtrorng glaang
de côté (vue ~)	ข้าง	khâang
partout (adv)	ทุกที่	thúk thêe
autour (adv)	รอบ	rôrp
de l'intérieur	จากข้างใน	jàak khâang nai
quelque part (aller)	ที่ไหน	thêe nǎi

tout droit (adv)	ตรงไป	dtrorng bpai
en arrière (revenir ~)	กลับ	glàp
de quelque part (n'import d'où)	จากที่ใด	jàak thêe dai
de quelque part (on ne sait pas d'où)	จากที่ใด	jàak thêe dai
premièrement (adv)	ข้อที่หนึ่ง	khôr thêe nèung
deuxièmement (adv)	ข้อที่สอง	khôr thêe sŏrng
troisièmement (adv)	ขอที่สาม	khôr thêe săam
soudain (adv)	ในทันที	nai than thee
au début (adv)	ตอนแรก	dtorn-râek
pour la première fois	เป็นครั้งแรก	bpen khráng râek
bien avant ...	นานๆกอน	naan gòrn
de nouveau (adv)	ใหม	mài
pour toujours (adv)	ใหจบสิ้น	hâi jòp sîn
jamais (adv)	ไม่เคย	mâi khoie
de nouveau, encore (adv)	อีกครั้งหนึ่ง	èek khráng nèung
maintenant (adv)	ตอนนี้	dtorn-née
souvent (adv)	บอย	bòi
alors (adv)	เวลานั้น	way-laa nán
d'urgence (adv)	อยางเรงดวน	yàang râyng dùan
d'habitude (adv)	มักจะ	mák jà
à propos, ...	อนึ่ง	à-nèung
c'est possible	เป็นไปได้	bpen bpai dâai
probablement (adv)	อาจจะ	àat jà
peut-être (adv)	อาจจะ	àat jà
en plus, ...	นอกจากนั้น...	nôrk jàak nán...
c'est pourquoi ...	นั้นเป็นเหตุผลที่...	nân bpen hàyt phŏn thêe...
malgré ...	แมวา...	máe wâa...
grâce à ...	เนื่องจาก...	nêuang jàak...
quoi (pron)	อะไร	a-rai
que (conj)	ที่	thêe
quelque chose (Il m'est arrivé ~)	อะไร	a-rai
quelque chose (peut-on faire ~)	อะไรก็ตาม	a-rai gôr dtaam
rien (m)	ไม่มีอะไร	mâi mee a-rai
qui (pron)	ใคร	khrai
quelqu'un (on ne sait pas qui)	บางคน	baang khon
quelqu'un (n'importe qui)	บางคน	baang khon
personne (pron)	ไม่มีใคร	mâi mee khrai
nulle part (aller ~)	ไมไปไหน	mâi bpai năi
de personne	ไมเป็นของ ของใคร	mâi bpen khŏrng khŏrng khrai
de n'importe qui	ของคนหนึ่ง	khŏrng khon nèung
comme ça (adv)	มาก	mâak
également (adv)	ดวย	dûay
aussi (adv)	ดวย	dûay

6.   Les mots-outils. Les adverbes. Partie 2

Pourquoi?	ทำไม?	tham-mai
pour une certaine raison	เพราะเหตุผลอะไร	phrór hàyt phŏn à-rai
parce que …	เพราะว่า...	phrór wâa
pour une raison quelconque	ด้วยจุดประสงค์อะไร	dûay jùt bprà-sŏng a-rai

et (conj)	และ	láe
ou (conj)	หรือ	rĕu
mais (conj)	แต่	dtàe
pour … (prep)	สำหรับ	săm-ràp

trop (adv)	เกินไป	gern bpai
seulement (adv)	เท่านั้น	thâo nán
précisément (adv)	ตรง	dtrorng
près de … (prep)	ประมาณ	bprà-maan

approximativement	ประมาณ	bprà-maan
approximatif (adj)	ประมาณ	bprà-maan
presque (adv)	เกือบ	gèuap
reste (m)	ที่เหลือ	thêe lĕua

l'autre (adj)	อีก	èek
autre (adj)	อื่น	èun
chaque (adj)	ทุก	thúk
n'importe quel (adj)	ใดๆ	dai dai
beaucoup de (dénombr.)	หลาย	lăai
beaucoup de (indénombr.)	มาก	mâak
plusieurs (pron)	หลายคน	lăai khon
tous	ทุกๆ	thúk thúk

en échange de …	ที่จะเปลี่ยนเป็น	thêe jà bplìan bpen
en échange (adv)	แทน	thaen
à la main (adv)	ใช้มือ	chái meu
peu probable (adj)	แทบจะไม่	thâep jà mâi

probablement (adv)	อาจจะ	àat jà
exprès (adv)	โดยเจตนา	doi jàyt-dtà-naa
par accident (adv)	บังเอิญ	bang-ern

très (adv)	มาก	mâak
par exemple (adv)	ยกตัวอย่าง	yók dtua yàang
entre (prep)	ระหว่าง	rá-wàang
parmi (prep)	ทามกลาง	tâam-glaang
autant (adv)	มากมาย	mâak maai
surtout (adv)	โดยเฉพาะ	doi chà-phór

NOMBRES. DIVERS

7. Les nombres cardinaux. Partie 1

zéro	ศูนย์	sŏon
un	หนึ่ง	nèung
deux	สอง	sŏrng
trois	สาม	săam
quatre	สี่	sèe
cinq	ห้า	hâa
six	หก	hòk
sept	เจ็ด	jèt
huit	แปด	bpàet
neuf	เก้า	gâo
dix	สิบ	sìp
onze	สิบเอ็ด	sìp èt
douze	สิบสอง	sìp sŏrng
treize	สิบสาม	sìp săam
quatorze	สิบสี่	sìp sèe
quinze	สิบห้า	sìp hâa
seize	สิบหก	sìp hòk
dix-sept	สิบเจ็ด	sìp jèt
dix-huit	สิบแปด	sìp bpàet
dix-neuf	สิบเก้า	sìp gâo
vingt	ยี่สิบ	yêe sìp
vingt et un	ยี่สิบเอ็ด	yêe sìp èt
vingt-deux	ยี่สิบสอง	yêe sìp sŏrng
vingt-trois	ยี่สิบสาม	yêe sìp săam
trente	สามสิบ	săam sìp
trente et un	สามสิบเอ็ด	săam-sìp-èt
trente-deux	สามสิบสอง	săam-sìp-sŏrng
trente-trois	สามสิบสาม	săam-sìp-săam
quarante	สี่สิบ	sèe sìp
quarante et un	สี่สิบเอ็ด	sèe-sìp-èt
quarante-deux	สี่สิบสอง	sèe-sìp-sŏrng
quarante-trois	สี่สิบสาม	sèe-sìp-săam
cinquante	ห้าสิบ	hâa sìp
cinquante et un	ห้าสิบเอ็ด	hâa-sìp-èt
cinquante-deux	ห้าสิบสอง	hâa-sìp-sŏrng
cinquante-trois	หาสิบสาม	hâa-sìp-săam
soixante	หกสิบ	hòk sìp
soixante et un	หกสิบเอ็ด	hòk-sìp-èt

| soixante-deux | หกสิบสอง | hòk-sìp-sŏrng |
| soixante-trois | หกสิบสาม | hòk-sìp-săam |

soixante-dix	เจ็ดสิบ	jèt sìp
soixante et onze	เจ็ดสิบเอ็ด	jèt-sìp-èt
soixante-douze	เจ็ดสิบสอง	jèt-sìp-sŏrng
soixante-treize	เจ็ดสิบสาม	jèt-sìp-săam

quatre-vingts	แปดสิบ	bpàet sìp
quatre-vingt et un	แปดสิบเอ็ด	bpàet-sìp-èt
quatre-vingt deux	แปดสิบสอง	bpàet-sìp-sŏrng
quatre-vingt trois	แปดสิบสาม	bpàet-sìp-săam

quatre-vingt-dix	เก้าสิบ	gâo sìp
quatre-vingt et onze	เก้าสิบเอ็ด	gâo-sìp-èt
quatre-vingt-douze	เก้าสิบสอง	gâo-sìp-sŏrng
quatre-vingt-treize	เกาสิบสาม	gâo-sìp-săam

8. Les nombres cardinaux. Partie 2

cent	หนึ่งร้อย	nèung rói
deux cents	สองร้อย	sŏrng rói
trois cents	สามร้อย	săam rói
quatre cents	สี่ร้อย	sèe rói
cinq cents	ห้าร้อย	hâa rói

six cents	หกร้อย	hòk rói
sept cents	เจ็ดร้อย	jèt rói
huit cents	แปดร้อย	bpàet rói
neuf cents	เก้าร้อย	gâo rói

mille	หนึ่งพัน	nèung phan
deux mille	สองพัน	sŏrng phan
trois mille	สามพัน	săam phan
dix mille	หนึ่งหมื่น	nèung mèun
cent mille	หนึ่งแสน	nèung săen
million (m)	ล้าน	láan
milliard (m)	พันล้าน	phan láan

9. Les nombres ordinaux

premier (adj)	แรก	râek
deuxième (adj)	ที่สอง	thêe sŏrng
troisième (adj)	ที่สาม	thêe săam
quatrième (adj)	ที่สี่	thêe sèe
cinquième (adj)	ที่ห้า	thêe hâa

sixième (adj)	ที่หก	thêe hòk
septième (adj)	ที่เจ็ด	thêe jèt
huitième (adj)	ที่แปด	thêe bpàet
neuvième (adj)	ที่เก้า	thêe gâo
dixième (adj)	ที่สิบ	thêe sìp

LES COULEURS. LES UNITÉS DE MESURE

10. Les couleurs

couleur (f)	สี	sĕe
teinte (f)	สีอ่อน	sĕe òrn
ton (m)	สีสัน	sĕe săn
arc-en-ciel (m)	สายรุ้ง	săai rúng
blanc (adj)	สีขาว	sĕe khăao
noir (adj)	สีดำ	sĕe dam
gris (adj)	สีเทา	sĕe thao
vert (adj)	สีเขียว	sĕe khĭeow
jaune (adj)	สีเหลือง	sĕe lĕuang
rouge (adj)	สีแดง	sĕe daeng
bleu (adj)	สีน้ำเงิน	sĕe nám ngern
bleu clair (adj)	สีฟ้า	sĕe fáa
rose (adj)	สีชมพู	sĕe chom-poo
orange (adj)	สีส้ม	sĕe sôm
violet (adj)	สีม่วง	sĕe mûang
brun (adj)	สีน้ำตาล	sĕe nám dtaan
d'or (adj)	สีทอง	sĕe thorng
argenté (adj)	สีเงิน	sĕe ngern
beige (adj)	สีน้ำตาลอ่อน	sĕe nám dtaan òrn
crème (adj)	สีครีม	sĕe khreem
turquoise (adj)	สีเขียวแกม น้ำเงิน	sĕe khĭeow gaem náam ngern
rouge cerise (adj)	สีแดงเชอร์รี่	sĕe daeng cher-rêe
lilas (adj)	สีม่วงอ่อน	sĕe mûang-òrn
framboise (adj)	สีแดงเข้ม	sĕe daeng khâym
clair (adj)	อ่อน	òrn
foncé (adj)	แก่	gàe
vif (adj)	สด	sòt
de couleur (adj)	สี	sĕe
en couleurs (adj)	สี	sĕe
noir et blanc (adj)	ขาวดำ	khăao-dam
unicolore (adj)	สีเดียว	sĕe dieow
multicolore (adj)	หลากสี	làak sĕe

11. Les unités de mesure

poids (m)	น้ำหนัก	nám nàk
longueur (f)	ความยาว	khwaam yaao

largeur (f)	ความกว้าง	khwaam gwâang
hauteur (f)	ความสูง	khwaam sǒong
profondeur (f)	ความลึก	khwaam léuk
volume (m)	ปริมาณ	bpà-rí-maan
aire (f)	บริเวณ	bor-rí-wayn
gramme (m)	กรัม	gram
milligramme (m)	มิลลิกรัม	min-lí gram
kilogramme (m)	กิโลกรัม	gì-loh gram
tonne (f)	ตัน	dtan
livre (f)	ปอนด์	bporn
once (f)	ออนซ์	orn
mètre (m)	เมตร	máyt
millimètre (m)	มิลลิเมตร	min-lí mâyt
centimètre (m)	เซ็นติเมตร	sen dtì mâyt
kilomètre (m)	กิโลเมตร	gì-loh máyt
mille (m)	ไมล	mai
pouce (m)	นิ้ว	níw
pied (m)	ฟุต	fút
yard (m)	หลา	lǎa
mètre (m) carré	ตารางเมตร	dtaa-raang máyt
hectare (m)	เฮกตาร	hêek dtaa
litre (m)	ลิตร	lít
degré (m)	องศา	ong-sǎa
volt (m)	โวลต์	wohn
ampère (m)	แอมแปร์	aem-bpae
cheval-vapeur (m)	แรงมา	raeng máa
quantité (f)	จำนวน	jam-nuan
un peu de ...	นิดนอย	nít nói
moitié (f)	ครึ่ง	khrêung
douzaine (f)	โหล	lǒh
pièce (f)	สวน	sùan
dimension (f)	ขนาด	khà-nàat
échelle (f) (de la carte)	มาตราสวน	mâat-dtraa sùan
minimal (adj)	นอยที่สุด	nói thêe sùt
le plus petit (adj)	เล็กที่สุด	lék thêe sùt
moyen (adj)	กลาง	glaang
maximal (adj)	สูงสุด	sǒong sùt
le plus grand (adj)	ใหญ่ที่สุด	yài têe sùt

12. Les récipients

bocal (m) en verre	ขวดโหล	khùat lǒh
boîte, canette (f)	กระป๋อง	grà-bpŏrng
seau (m)	ถัง	thǎng
tonneau (m)	ถัง	thǎng
bassine, cuvette (f)	กะทะ	gà-thá

cuve (f)	ถังเก็บน้ำ	thăng gèp nám
flasque (f)	กระติกน้ำ	grà-dtìk nám
jerrican (m)	ภาชนะ	phaa-chá-ná
citerne (f)	ถังบรรจุ	thăng ban-jù

tasse (f), mug (m)	แก้ว	gâew
tasse (f)	ถ้วย	thûay
soucoupe (f)	จานรอง	jaan rorng
verre (m) (~ d'eau)	แก้ว	gâew
verre (m) à vin	แก้วไวน์	gâew wai
faitout (m)	หม้อ	môr

| bouteille (f) | ขวด | khùat |
| goulot (m) | ปาก | bpàak |

carafe (f)	คนโท	khon-thoh
pichet (m)	เหยือก	yèuak
récipient (m)	ภาชนะ	phaa-chá-ná
pot (m)	หม้อ	môr
vase (m)	แจกัน	jae-gan

flacon (m)	กระติก	grà-dtìk
fiole (f)	ขวดเล็ก	khùat lék
tube (m)	หลอด	lòrt

sac (m) (grand ~)	ถุง	thŭng
sac (m) (~ en plastique)	ถุง	thŭng
paquet (m) (~ de cigarettes)	ซอง	sorng

boîte (f)	กล่อง	glòrng
caisse (f)	ลัง	lang
panier (m)	ตะกร้า	dtà-grâa

LES VERBES LES PLUS IMPORTANTS

13. Les verbes les plus importants. Partie 1

aider (vt)	ช่วย	chûay
aimer (qn)	รัก	rák
aller (à pied)	ไป	bpai
apercevoir (vt)	สังเกต	sǎng-gàyt
appartenir à …	เป็นของของ...	bpen khǒrng khǒrng...
appeler (au secours)	เรียก	rîak
attendre (vt)	รอ	ror
attraper (vt)	จับ	jàp
avertir (vt)	เตือน	dteuan
avoir (vt)	มี	mee
avoir confiance	เชื่อ	chêua
avoir faim	หิว	hǐw
avoir peur	กลัว	glua
avoir soif	กระหายน้ำ	grà-hǎai náam
cacher (vt)	ซ่อน	sôrn
casser (briser)	แตก	dtàek
cesser (vt)	หยุด	yùt
changer (vt)	เปลี่ยน	bplìan
chasser (animaux)	ล่า	lâa
chercher (vt)	หา	hǎa
choisir (vt)	เลือก	lêuak
commander (~ le menu)	สั่ง	sàng
commencer (vt)	เริ่ม	rêrm
comparer (vt)	เปรียบเทียบ	bprìap thîap
comprendre (vt)	เข้าใจ	khâo jai
compter (dénombrer)	นับ	náp
compter sur …	พึ่งพา	phêung phaa
confondre (vt)	สับสน	sàp sǒn
connaître (qn)	รู้จัก	róo jàk
conseiller (vt)	แนะนำ	náe nam
continuer (vt)	ทำต่อไป	tham dtòr bpai
contrôler (vt)	ควบคุม	khûap khum
courir (vi)	วิ่ง	wîng
coûter (vt)	ราคา	raa-khaa
créer (vt)	สร้าง	sâang
creuser (vt)	ขุด	khùt
crier (vi)	ตะโกน	dtà-gohn

14. Les verbes les plus importants. Partie 2

décorer (~ la maison)	ประดับ	bprà-dàp
défendre (vt)	ปกป้อง	bpòk bpôrng
déjeuner (vi)	ทานอาหารเที่ยง	thaan aa-hăan thîang
demander (~ l'heure)	ถาม	thăam
demander (de faire qch)	ขอ	khŏr
descendre (vi)	ลง	long
deviner (vt)	คาดเดา	khâat dao
dîner (vi)	ทานอาหารเย็น	thaan aa-hăan yen
dire (vt)	บอก	bòrk
diriger (~ une usine)	บริหาร	bor-rí-hăan
discuter (vt)	หารือ	hăa-reu
donner (vt)	ให้	hâi
donner un indice	บอกใบ้	bòrk bâi
douter (vt)	สงสัย	sŏng-săi
écrire (vt)	เขียน	khĭan
entendre (bruit, etc.)	ได้ยิน	dâai yin
entrer (vi)	เข้า	khâo
envoyer (vt)	ส่ง	sòng
espérer (vi)	หวัง	wăng
essayer (vt)	พยายาม	phá-yaa-yaam
être (vi)	เป็น	bpen
être d'accord	เห็นด้วย	hĕn dûay
être nécessaire	ต้องการ	dtôrng gaan
être pressé	รีบ	rêep
étudier (vt)	เรียน	rian
excuser (vt)	ให้อภัย	hâi a-phai
exiger (vt)	เรียกร้อง	rîak rórng
exister (vi)	มีอยู่	mee yòo
expliquer (vt)	อธิบาย	à-thí-baai
faire (vt)	ทำ	tham
faire tomber	ทิ้งให้ตก	thíng hâi dtòk
finir (vt)	จบ	jòp
garder (conserver)	รักษา	rák-săa
gronder, réprimander (vt)	ดุด่า	dù dàa
informer (vt)	แจ้ง	jâeng
insister (vi)	ยืนยัน	yeun yan
insulter (vt)	ดูถูก	doo thòok
inviter (vt)	เชิญ	chern
jouer (s'amuser)	เล่น	lên

15. Les verbes les plus importants. Partie 3

libérer (ville, etc.)	ปลดปล่อย	bplòt bplòi
lire (vi, vt)	อ่าน	àan

louer (prendre en location)	เช่า	châo
manquer (l'école)	พลาด	phlâat
menacer (vt)	ขู่	khòo
mentionner (vt)	กล่าวถึง	glàao thěung
montrer (vt)	แสดง	sà-daeng
nager (vi)	ว่ายน้ำ	wâai náam
objecter (vt)	ค้าน	kháan
observer (vt)	สังเกตการณ์	sǎng-gàyt gaan
ordonner (mil.)	สั่งการ	sàng gaan
oublier (vt)	ลืม	leum
ouvrir (vt)	เปิด	bpèrt
pardonner (vt)	ให้อภัย	hâi a-phai
parler (vi, vt)	พูด	phôot
participer à ...	มีส่วนร่วม	mee sùan rûam
payer (régler)	จ่าย	jàai
penser (vi, vt)	คิด	khít
permettre (vt)	อนุญาต	a-nú-yâat
plaire (être apprécié)	ชอบ	chôrp
plaisanter (vi)	ล้อเล่น	lór lên
planifier (vt)	วางแผน	waang phǎen
pleurer (vi)	ร้องไห้	rórng hâi
posséder (vt)	เป็นเจ้าของ	bpen jâo khǒrng
pouvoir (v aux)	สามารถ	sǎa-mâat
préférer (vt)	ชอบ	chôrp
prendre (vt)	เอา	ao
prendre en note	จด	jòt
prendre le petit déjeuner	ทานอาหารเช้า	thaan aa-hǎan cháo
préparer (le dîner)	ทำอาหาร	tham aa-hǎan
prévoir (vt)	คาดหวัง	khâat wǎng
prier (~ Dieu)	ภาวนา	phaa-wá-naa
promettre (vt)	สัญญา	sǎn-yaa
prononcer (vt)	ออกเสียง	òrk sǐang
proposer (vt)	เสนอ	sà-něr
punir (vt)	ลงโทษ	long thôht

16. Les verbes les plus importants. Partie 4

recommander (vt)	แนะนำ	náe nam
regretter (vt)	เสียใจ	sǐa jai
répéter (dire encore)	ซ้ำ	sám
répondre (vi, vt)	ตอบ	dtòrp
réserver (une chambre)	จอง	jorng
rester silencieux	นิ่งเงียบ	nîng ngîap
réunir (regrouper)	สมาน	sà-mǎan
rire (vi)	หัวเราะ	hǔa rór
s'arrêter (vp)	หยุด	yùt
s'asseoir (vp)	นั่ง	nâng

sauver (la vie à qn)	กู้	gôo
savoir (qch)	รู้	róo
se baigner (vp)	ไปว่ายน้ำ	bpai wâai náam
se plaindre (vp)	บ่น	bòn
se refuser (vp)	ปฏิเสธ	bpà-dtì-sàyt
se tromper (vp)	ทำผิด	tham phìt
se vanter (vp)	โอ้อวด	ôh ùat
s'étonner (vp)	ประหลาดใจ	bprà-làat jai
s'excuser (vp)	ขอโทษ	khŏr thôht
signer (vt)	ลงนาม	long naam
signifier (vt)	หมาย	măai
s'intéresser (vp)	สนใจใน	sŏn jai nai
sortir (aller dehors)	ออกไป	òrk bpai
sourire (vi)	ยิ้ม	yím
sous-estimer (vt)	ดูถูก	doo thòok
suivre … (suivez-moi)	ไปตาม...	bpai dtaam...
tirer (vi)	ยิง	ying
tomber (vi)	ตก	dtòk
toucher (avec les mains)	แตะต้อง	dtàe dtôrng
tourner (~ à gauche)	เลี้ยว	líeow
traduire (vt)	แปล	bplae
travailler (vi)	ทำงาน	tham ngaan
tromper (vt)	หลอก	lòrk
trouver (vt)	พบ	phóp
tuer (vt)	ฆ่า	khâa
vendre (vt)	ขาย	khăai
venir (vi)	มา	maa
voir (vt)	เห็น	hĕn
voler (avion, oiseau)	บิน	bin
voler (qch à qn)	ขโมย	khà-moi
vouloir (vt)	ต้องการ	dtôrng gaan

LA NOTION DE TEMPS. LE CALENDRIER

17. Les jours de la semaine

lundi (m)	วันจันทร์	wan jan
mardi (m)	วันอังคาร	wan ang-khaan
mercredi (m)	วันพุธ	wan phút
jeudi (m)	วันพฤหัสบดี	wan phá-réu-hàt-sà-bor-dee
vendredi (m)	วันศุกร์	wan sùk
samedi (m)	วันเสาร์	wan săo
dimanche (m)	วันอาทิตย์	wan aa-thít
aujourd'hui (adv)	วันนี้	wan née
demain (adv)	พรุ่งนี้	phrûng-née
après-demain (adv)	วันมะรืนนี้	wan má-reun née
hier (adv)	เมื่อวานนี้	mêua waan née
avant-hier (adv)	เมื่อวานซืนนี้	mêua waan-seun née
jour (m)	วัน	wan
jour (m) ouvrable	วันทำงาน	wan tham ngaan
jour (m) férié	วันนักขัตฤกษ์	wan nák-khàt-rêrk
jour (m) de repos	วันหยุด	wan yùt
week-end (m)	วันสุดสัปดาห์	wan sùt sàp-daa
toute la journée	ทั้งวัน	tháng wan
le lendemain	วันรุ่งขึ้น	wan rûng khêun
il y a 2 jours	สองวันก่อน	sŏrng wan gòrn
la veille	วันก่อนหน้านี้	wan gòrn nâa née
quotidien (adj)	รายวัน	raai wan
tous les jours	ทุกวัน	thúk wan
semaine (f)	สัปดาห์	sàp-daa
la semaine dernière	สัปดาห์ก่อน	sàp-daa gòrn
la semaine prochaine	สัปดาห์หน้า	sàp-daa nâa
hebdomadaire (adj)	รายสัปดาห์	raai sàp-daa
chaque semaine	ทุกสัปดาห์	thúk sàp-daa
2 fois par semaine	สัปดาห์ละสองครั้ง	sàp-daa lá sŏrng khráng
tous les mardis	ทุกวันอังคาร	túk wan ang-khaan

18. Les heures. Le jour et la nuit

matin (m)	เช้า	cháo
le matin	ตอนเช้า	dtorn cháo
midi (m)	เที่ยงวัน	thîang wan
dans l'après-midi	ตอนบาย	dtorn bàai
soir (m)	เย็น	yen
le soir	ตอนเย็น	dtorn yen

nuit (f)	คืน	kheun
la nuit	กลางคืน	glaang kheun
minuit (f)	เที่ยงคืน	thîang kheun
seconde (f)	วินาที	wí-naa-thee
minute (f)	นาที	naa-thee
heure (f)	ชั่วโมง	chûa mohng
demi-heure (f)	ครึ่งชั่วโมง	khrêung chûa mohng
un quart d'heure	สิบห้านาที	sìp hâa naa-thee
quinze minutes	สิบห้านาที	sìp hâa naa-thee
vingt-quatre heures	24 ชั่วโมง	yêe sìp sèe · chûa mohng
lever (m) du soleil	พระอาทิตย์ขึ้น	phrá aa-thít khêun
aube (f)	ใกล้รุ่ง	glâi rûng
point (m) du jour	เชา	cháo
coucher (m) du soleil	พระอาทิตย์ตก	phrá aa-thít dtòk
tôt le matin	ตอนเช้า	dtorn cháo
ce matin	เช้านี้	cháo née
demain matin	พรุ่งนี้เช้า	phrûng-née cháo
cet après-midi	บ่ายนี้	bàai née
dans l'après-midi	ตอนบ่าย	dtorn bàai
demain après-midi	พรุ่งนี้บ่าย	phrûng-née bàai
ce soir	คืนนี้	kheun née
demain soir	คืนพรุ่งนี้	kheun phrûng-née
à 3 heures précises	3 โมงตรง	sǎam mohng dtrorng
autour de 4 heures	ประมาณ 4 โมง	bprà-maan sèe mohng
vers midi	ภายใน 12 โมง	phaai nai sìp sǒng mohng
dans 20 minutes	อีก 20 นาที	èek yêe sìp naa-thee
dans une heure	อีกหนึ่งชั่วโมง	èek nèung chûa mohng
à temps	ทันเวลา	than way-laa
... moins le quart	อีกสิบห้านาที	èek sìp hâa naa-thee
en une heure	ภายในหนึ่งชั่วโมง	phaai nai nèung chûa mohng
tous les quarts d'heure	ทุก 15 นาที	thúk sìp hâa naa-thee
24 heures sur 24	ทั้งวัน	tháng wan

19. Les mois. Les saisons

janvier (m)	มกราคม	mók-gà-raa khom
février (m)	กุมภาพันธ์	gum-phaa phan
mars (m)	มีนาคม	mee-naa khom
avril (m)	เมษายน	may-sǎa-yon
mai (m)	พฤษภาคม	phréut-sà-phaa khom
juin (m)	มิถุนายน	mí-thù-naa-yon
juillet (m)	กรกฎาคม	gà-rá-gà-daa-khom
août (m)	สิงหาคม	sǐng hǎa khom
septembre (m)	กันยายน	gan-yaa-yon
octobre (m)	ตุลาคม	dtù-laa khom

novembre (m)	พฤศจิกายน	phréut-sà-jì-gaa-yon
décembre (m)	ธันวาคม	than-waa khom
printemps (m)	ฤดูใบไม้ผลิ	réu-doo bai máai phlì
au printemps	ฤดูใบไม้ผลิ	réu-doo bai máai phlì
de printemps (adj)	ฤดูใบไม้ผลิ	réu-doo bai máai phlì
été (m)	ฤดูร้อน	réu-doo rórn
en été	ฤดูร้อน	réu-doo rórn
d'été (adj)	ฤดูร้อน	réu-doo rórn
automne (m)	ฤดูใบไม้ร่วง	réu-doo bai máai rûang
en automne	ฤดูใบไม้ร่วง	réu-doo bai máai rûang
d'automne (adj)	ฤดูใบไม้ร่วง	réu-doo bai máai rûang
hiver (m)	ฤดูหนาว	réu-doo nǎao
en hiver	ฤดูหนาว	réu-doo nǎao
d'hiver (adj)	ฤดูหนาว	réu-doo nǎao
mois (m)	เดือน	deuan
ce mois	เดือนนี้	deuan née
le mois prochain	เดือนหน้า	deuan nâa
le mois dernier	เดือนที่แล้ว	deuan thêe láew
il y a un mois	หนึ่งเดือนก่อนหน้านี้	nèung deuan gòrn nâa née
dans un mois	อีกหนึ่งเดือน	èek nèung deuan
dans 2 mois	อีกสองเดือน	èek sǒrng deuan
tout le mois	ทั้งเดือน	tháng deuan
tout un mois	ตลอดทั้งเดือน	dtà-lòrt tháng deuan
mensuel (adj)	รายเดือน	raai deuan
mensuellement	ทุกเดือน	thúk deuan
chaque mois	ทุกเดือน	thúk deuan
2 fois par mois	เดือนละสองครั้ง	deuan lá sǒrng kráng
année (f)	ปี	bpee
cette année	ปีนี้	bpee née
l'année prochaine	ปีหน้า	bpee nâa
l'année dernière	ปีที่แล้ว	bpee thêe láew
il y a un an	หนึ่งปีก่อน	nèung bpee gòrn
dans un an	อีกหนึ่งปี	èek nèung bpee
dans 2 ans	อีกสองปี	èek sǒng bpee
toute l'année	ทั้งปี	tháng bpee
toute une année	ตลอดทั้งปี	dtà-lòrt tháng bpee
chaque année	ทุกปี	thúk bpee
annuel (adj)	รายปี	raai bpee
annuellement	ทุกปี	thúk bpee
4 fois par an	ปีละสี่ครั้ง	bpee lá sèe khráng
date (f) (jour du mois)	วันที่	wan thêe
date (f) (~ mémorable)	วันเดือนปี	wan deuan bpee
calendrier (m)	ปฏิทิน	bpà-dtì-thin
six mois	ครึ่งปี	khrêung bpee
semestre (m)	หกเดือน	hòk deuan

| saison (f) | ฤดูกาล | réu-doo gaan |
| siècle (m) | ศตวรรษ | sà-dtà-wát |

LES VOYAGES. L'HÔTEL

20. Les voyages. Les excursions

tourisme (m)	การท่องเที่ยว	gaan thôrng thîeow
touriste (m)	นักทองเที่ยว	nák thôrng thîeow
voyage (m) (à l'étranger)	การเดินทาง	gaan dern thaang
aventure (f)	การผจญภัย	gaan phà-jon phai
voyage (m)	การเดินทาง	gaan dern thaang
vacances (f pl)	วันหยุดพักผ่อน	wan yùt phák phòrn
être en vacances	หยุดพักผอน	yùt phák phòrn
repos (m) (jours de ~)	การพัก	gaan phák
train (m)	รถไฟ	rót fai
en train	โดยรถไฟ	doi rót fai
avion (m)	เครื่องบิน	khrêuang bin
en avion	โดยเครื่องบิน	doi khrêuang bin
en voiture	โดยรถยนต	doi rót-yon
en bateau	โดยเรือ	doi reua
bagage (m)	สัมภาระ	sǎm-phaa-rá
malle (f)	กระเป๋าเดินทาง	grà-bpǎo dern-thaang
chariot (m)	รถขนสัมภาระ	rót khǒn sǎm-phaa-rá
passeport (m)	หนังสือเดินทาง	nǎng-sěu dern-thaang
visa (m)	วีซา	wee-sâa
ticket (m)	ตั๋ว	dtǔa
billet (m) d'avion	ตั๋วเครื่องบิน	dtǔa khrêuang bin
guide (m) (livre)	หนังสือแนะนำ	nǎng-sěu náe nam
carte (f)	แผนที่	phǎen thêe
région (f) (~ rurale)	เขต	khàyt
endroit (m)	สถานที่	sà-thǎan thêe
exotisme (m)	สิ่งแปลกใหม่	sìng bplàek mài
exotique (adj)	ตางแดน	dtàang daen
étonnant (adj)	นาประหลาดใจ	nâa bprà-làat jai
groupe (m)	กลุ่ม	glùm
excursion (f)	การเดินทาง	gaan dern taang
	ทองเที่ยว	thôrng thîeow
guide (m) (personne)	มัคคุเทศก์	mák-khú-thâyt

21. L'hôtel

hôtel (m)	โรงแรม	rohng raem
motel (m)	โรงแรม	rohng raem

3 étoiles	สามดาว	săam daao
5 étoiles	ห้าดาว	hâa daao
descendre (à l'hôtel)	พัก	phák
chambre (f)	ห้อง	hôrng
chambre (f) simple	ห้องเดี่ยว	hôrng dìeow
chambre (f) double	หองคู่	hôrng khôo
réserver une chambre	จองหอง	jorng hôrng
demi-pension (f)	พักครึ่งวัน	phák khrêung wan
pension (f) complète	พักเต็มวัน	phák dtem wan
avec une salle de bain	มีห้องอาบน้ำ	mee hôrng àap náam
avec une douche	มีฝักบัว	mee fàk bua
télévision (f) par satellite	โทรทัศน์ดาวเทียม	thoh-rá-thát daao thiam
climatiseur (m)	เครื่องปรับอากาศ	khrêuang bpràp-aa-gàat
serviette (f)	ผ้าเช็ดตัว	phâa chét dtua
clé (f)	กุญแจ	gun-jae
administrateur (m)	นักบุริหาร	nák bor-rí-hăan
femme (f) de chambre	แมบาน	mâe bâan
porteur (m)	พนักงาน. ขนกระเป๋า	phá-nák ngaan khŏn grà-bpăo
portier (m)	พนักงาน เปิดประตู	phá-nák ngaan bpèrt bprà-dtoo
restaurant (m)	ร้านอาหาร	ráan aa-hăan
bar (m)	บาร	baa
petit déjeuner (m)	อาหารเช้า	aa-hăan cháo
dîner (m)	อาหารเย็น	aa-hăan yen
buffet (m)	บุฟเฟต์	bùf-fây
hall (m)	ล็อบบี้	lórp-bêe
ascenseur (m)	ลิฟต	líf
PRIÈRE DE NE PAS DÉRANGER	ห้ามรบกวน	hâam róp guan
DÉFENSE DE FUMER	ห้ามสูบบุหรี่	hâam sòop bù rèe

22. Le tourisme

monument (m)	อนุสาวรีย์	a-nú-săa-wá-ree
forteresse (f)	ป้อม	bpôrm
palais (m)	วัง	wang
château (m)	ปราสาท	bpraa-sàat
tour (f)	หอ	hŏr
mausolée (m)	สุสาน	sù-săan
architecture (f)	สถาปัตยกรรม	sà-thăa-bpàt-dtà-yá-gam
médiéval (adj)	ยุคกลาง	yúk glaang
ancien (adj)	โบราณ	boh-raan
national (adj)	แหงชาติ	hàeng châat
connu (adj)	ที่มีชื่อเสียง	thêe mee chêu-sĭang
touriste (m)	นักท่องเที่ยว	nák thôrng thîeow

guide (m) (personne)	มัคคุเทศก์	mák-khú-thâyt
excursion (f)	ทัศนศึกษา	thát-sà-ná-sèuk-săa
montrer (vt)	แสดง	sà-daeng
raconter (une histoire)	เลา	lâo
trouver (vt)	หาพบ	hăa phóp
se perdre (vp)	หลงทาง	lŏng thaang
plan (m) (du metro, etc.)	แผนที่	phăen thêe
carte (f) (de la ville, etc.)	แผนที่	phăen thêe
souvenir (m)	ของที่ระลึก	khŏrng thêe rá-léuk
boutique (f) de souvenirs	รานขาย ของที่ระลึก	ráan khăai khŏrng thêe rá-léuk
prendre en photo	ถ่ายภาพ	thàai phâap
se faire prendre en photo	ได้รับการ ถายภาพให	dâai ráp gaan thàai phâap hâi

LES TRANSPORTS

23. L'aéroport

aéroport (m)	สนามบิน	sà-nǎam bin
avion (m)	เครื่องบิน	khrêuang bin
compagnie (f) aérienne	สายการบิน	sǎai gaan bin
contrôleur (m) aérien	เจ้าหน้าที่ควบคุม จราจรทางอากาศ	jâo nâa-thêe khûap khum jà-raa-jon thaang aa-gàat
départ (m)	การออกเดินทาง	gaan òrk dern thaang
arrivée (f)	การมาถึง	gaan maa thěung
arriver (par avion)	มาถึง	maa thěung
temps (m) de départ	เวลาขาไป	way-laa khǎa bpai
temps (m) d'arrivée	เวลามาถึง	way-laa maa thěung
être retardé	ถูกเลื่อน	thòok lêuan
retard (m) de l'avion	เลื่อนเที่ยวบิน	lêuan thieow bin
tableau (m) d'informations	กระดานแสดง ข้อมูล	grà daan sà-daeng khôr moon
information (f)	ข้อมูล	khôr moon
annoncer (vt)	ประกาศ	bprà-gàat
vol (m)	เที่ยวบิน	thîeow bin
douane (f)	ศุลกากร	sǔn-lá-gaa-gon
douanier (m)	เจ้าหน้าที่ศุลกากร	jâo nâa-thêe sǔn-lá-gaa-gon
déclaration (f) de douane	แบบฟอร์มการเสีย ภาษีศุลกากร	bàep form gaan sǐa phaa-sěe sǔn-lá-gaa-gon
remplir (vt)	กรอก	gròrk
remplir la déclaration	กรอกแบบฟอร์ม การเสียภาษี	gròrk bàep form gaan sǐa paa-sěe
contrôle (m) de passeport	จุดตรวจหนังสือ เดินทาง	jùt dtrùat nǎng-sěu dern-thaang
bagage (m)	สัมภาระ	sǎm-phaa-rá
bagage (m) à main	กระเป๋าถือ	grà-bpǎo thěu
chariot (m)	รถขนสัมภาระ	rót khǒn sǎm-phaa-rá
atterrissage (m)	การลงจอด	gaan long jòrt
piste (f) d'atterrissage	ลานบินลงจอด	laan bin long jòrt
atterrir (vi)	ลงจอด	long jòrt
escalier (m) d'avion	ทางขึ้นลง เครื่องบิน	thaang khêun long khrêuang bin
enregistrement (m)	การเช็คอิน	gaan chék in
comptoir (m) d'enregistrement	เคาน์เตอร์เช็คอิน	khao-dtêr chék in
s'enregistrer (vp)	เช็คอิน	chék in

| carte (f) d'embarquement | บัตรที่นั่ง | bàt thêe nâng |
| porte (f) d'embarquement | ช่องเขา | chôrng khâo |

transit (m)	การต่อเที่ยวบิน	gaan tòr thîeow bin
attendre (vt)	รอ	ror
salle (f) d'attente	ห้องผู้โดยสารขาออก	hôrng phôo doi săan khăa òk
raccompagner (à l'aéroport, etc.)	ไปส่ง	bpai sòng
dire au revoir	บอกลา	bòrk laa

24. L'avion

avion (m)	เครื่องบิน	khrêuang bin
billet (m) d'avion	ตั๋วเครื่องบิน	dtŭa khrêuang bin
compagnie (f) aérienne	สายการบิน	săai gaan bin
aéroport (m)	สนามบิน	sà-năam bin
supersonique (adj)	ความเร็วเหนือเสียง	khwaam reo nĕua-sĭang

commandant (m) de bord	กัปตัน	gàp dtan
équipage (m)	ลูกเรือ	lôok reua
pilote (m)	นักบิน	nák bin
hôtesse (f) de l'air	พนักงานต้อนรับบนเครื่องบิน	phá-nák ngaan dtôrn ráp bon khrêuang bin
navigateur (m)	ต้นหน	dtôn hŏn

ailes (f pl)	ปีก	bpèek
queue (f)	หาง	hăang
cabine (f)	ห้องนักบิน	hôrng nák bin
moteur (m)	เครื่องยนต์	khrêuang yon
train (m) d'atterrissage	โครงส่วนล่างของเครื่องบิน	khrorng sùan lâang khŏrng khrêuang bin
turbine (f)	กังหัน	gang-hăn

hélice (f)	ใบพัด	bai phát
boîte (f) noire	กล่องดำ	glòrng dam
gouvernail (m)	คันบังคับ	khan bang-kháp
carburant (m)	เชื้อเพลิง	chéua phlerng

consigne (f) de sécurité	คู่มือความปลอดภัย	khôo meu khwaam bplòt phai
masque (m) à oxygène	หน้ากากอ๊อกซิเจน	nâa gàak ók sí jayn
uniforme (m)	เครื่องแบบ	khrêuang bàep
gilet (m) de sauvetage	เสื้อชูชีพ	sêua choo chêep
parachute (m)	ร่มชูชีพ	rôm choo chêep

décollage (m)	การบินขึ้น	gaan bin khêun
décoller (vi)	บินขึ้น	bin khêun
piste (f) de décollage	ทางวิ่งเครื่องบิน	thaang wîng khrêuang bin

visibilité (f)	ทัศนวิสัย	thát sá ná wí-săi
vol (m) (~ d'oiseau)	การบิน	gaan bin
altitude (f)	ความสูง	khwaam sŏong
trou (m) d'air	หลุมอากาศ	lŭm aa-gàat
place (f)	ที่นั่ง	thêe nâng
écouteurs (m pl)	หูฟัง	hŏo fang

tablette (f)	ถาดพับเก็บได้	thàat pháp gèp dâai
hublot (m)	หน้าต่างเครื่องบิน	nâa dtàang khrêuang bin
couloir (m)	ทางเดิน	thaang dern

25. Le train

train (m)	รถไฟ	rót fai
train (m) de banlieue	รถไฟชานเมือง	rót fai chaan meuang
TGV (m)	รถไฟด่วน	rót fai dùan
locomotive (f) diesel	รถจักรดีเซล	rót jàk dee-sayn
locomotive (f) à vapeur	รถจักรไอน้ำ	rót jàk ai náam
wagon (m)	ตู้โดยสาร	dtôo doi săan
wagon-restaurant (m)	ตู้เสบียง	dtôo sà-biang
rails (m pl)	รางรถไฟ	raang rót fai
chemin (m) de fer	ทางรถไฟ	thaang rót fai
traverse (f)	หมอนรองราง	mŏrn rorng raang
quai (m)	ชานชลา	chaan-chá-laa
voie (f)	ราง	raang
sémaphore (m)	ไฟสัญญาณรถไฟ	fai săn-yaan rót fai
station (f)	สถานี	sà-thăa-nee
conducteur (m) de train	คนขับรถไฟ	khon khàp rót fai
porteur (m)	พนักงานยกกระเป๋า	phá-nák ngaan yók grà-bpăo
steward (m)	พนักงานรถไฟ	phá-nák ngaan rót fai
passager (m)	ผู้โดยสาร	phôo doi săan
contrôleur (m) de billets	พนักงานตรวจตั๋ว	phá-nák ngaan dtrùat dtŭa
couloir (m)	ทางเดิน	thaang dern
frein (m) d'urgence	เบรคฉุกเฉิน	bràyk chùk-chĕrn
compartiment (m)	ตู้นอน	dtôo norn
couchette (f)	เตียง	dtiang
couchette (f) d'en haut	เตียงบน	dtiang bon
couchette (f) d'en bas	เตียงล่าง	dtiang lâang
linge (m) de lit	ชุดเครื่องนอน	chút khrêuang norn
ticket (m)	ตั๋ว	dtŭa
horaire (m)	ตารางเวลา	dtaa-raang way-laa
tableau (m) d'informations	กระดานแสดงข้อมูล	grà daan sà-daeng khôr moon
partir (vi)	ออกเดินทาง	òrk dern thaang
départ (m) (du train)	การออกเดินทาง	gaan òrk dern thaang
arriver (le train)	มาถึง	maa thĕung
arrivée (f)	การมาถึง	gaan maa thĕung
arriver en train	มาถึงโดยรถไฟ	maa thĕung doi rót fai
prendre le train	ขึ้นรถไฟ	khêun rót fai
descendre du train	ลงจากรถไฟ	long jàak rót fai
accident (m) ferroviaire	รถไฟตกราง	rót fai dtòk raang
dérailler (vi)	ตกราง	dtòk raang

locomotive (f) à vapeur	หัวรถจักรไอน้ำ	hŭa rót jàk ai náam
chauffeur (m)	คนควบคุมเตาไฟ	khon khûap khum dtao fai
chauffe (f)	เตาไฟ	dtao fai
charbon (m)	ถ่านหิน	thàan hĭn

26. Le bateau

bateau (m)	เรือ	reua
navire (m)	เรือ	reua
bateau (m) à vapeur	เรือจักรไอน้ำ	reua jàk ai náam
paquebot (m)	เรือลองแม่น้ำ	reua lông mâe náam
bateau (m) de croisière	เรือเดินสมุทร	reua dern sà-mùt
croiseur (m)	เรือลาดตระเวน	reua lâat dtrà-wayn
yacht (m)	เรือยอชต์	reua yôt
remorqueur (m)	เรือลากจูง	reua lâak joong
péniche (f)	เรือบรรทุก	reua ban-thúk
ferry (m)	เรือข้ามฟาก	reua khâam fâak
voilier (m)	เรือใบ	reua bai
brigantin (m)	เรือใบสองเสากระโดง	reua bai sŏrng săo grà-dohng
brise-glace (m)	เรือตัดน้ำแข็ง	reua dtàt náam khăeng
sous-marin (m)	เรือดำน้ำ	reua dam náam
canot (m) à rames	เรือพาย	reua phaai
dinghy (m)	เรือบดเล็ก	reua bòt lék
canot (m) de sauvetage	เรือชูชีพ	reua choo chêep
canot (m) à moteur	เรือยนต์	reua yon
capitaine (m)	กัปตัน	gàp dtan
matelot (m)	นาวิน	naa-win
marin (m)	คนเรือ	khon reua
équipage (m)	กะลาสี	gà-laa-sĕe
maître (m) d'équipage	สรั่ง	sà-ràng
mousse (m)	ดูนชวยงานในเรือ	khon chûay ngaan nai reua
cuisinier (m) du bord	กุก	gúk
médecin (m) de bord	แพทย์เรือ	phâet reua
pont (m)	ดาดฟ้าเรือ	dàat-fáa reua
mât (m)	เสากระโดงเรือ	săo grà-dohng reua
voile (f)	ใบเรือ	bai reua
cale (f)	ท้องเรือ	thórng-reua
proue (f)	หัวเรือ	hŭa-reua
poupe (f)	ท้ายเรือ	tháai reua
rame (f)	ไม้พาย	máai phaai
hélice (f)	ใบจักร	bai jàk
cabine (f)	ห้องพัก	hôrng phák
carré (m) des officiers	ห้องอาหาร	hôrng aa-hăan
salle (f) des machines	ห้องเครื่องยนต์	hôrng khrêuang yon

passerelle (f)	สะพานเดินเรือ	sà-phaan dern reua
cabine (f) de T.S.F.	ห้องวิทยุ	hôrng wít-thá-yú
onde (f)	คลื่นความถี่	khlêun khwaam thèe
journal (m) de bord	สมุดบันทึก	sà-mùt ban-théuk
longue-vue (f)	กล้องส่องทางไกล	glôrng sòrng thaang glai
cloche (f)	ระฆัง	rá-khang
pavillon (m)	ธง	thorng
grosse corde (f) tressée	เชือก	chêuak
nœud (m) marin	ปม	bpom
rampe (f)	ราว	raao
passerelle (f)	ไม้พาดให้	mái phâat hâi
	ขึ้นลงเรือ	khêun long reua
ancre (f)	สมอ	sà-mŏr
lever l'ancre	ถอนสมอ	thŏrn sà-mŏr
jeter l'ancre	ทอดสมอ	thôrt sà-mŏr
chaîne (f) d'ancrage	โซ่สมอเรือ	sôh sà-mŏr reua
port (m)	ท่าเรือ	thâa reua
embarcadère (m)	ท่า	thâa
accoster (vi)	จอดเทียบท่า	jòt thîap tâa
larguer les amarres	ออกจากท่า	òrk jàak tâa
voyage (m) (à l'étranger)	การเดินทาง	gaan dern thaang
croisière (f)	การล่องเรือ	gaan lôrng reua
cap (m) (suivre un ~)	เส้นทาง	sên thaang
itinéraire (m)	เส้นทาง	sên thaang
chenal (m)	ร่องเรือเดิน	rông reua dern
bas-fond (m)	โขด	khòht
échouer sur un bas-fond	เกยตื้น	goie dtêun
tempête (f)	พายุ	phaa-yú
signal (m)	สัญญาณ	săn-yaan
sombrer (vi)	ลม	lôm
Un homme à la mer!	คนตกเรือ!	kon dtòk reua
SOS (m)	SOS	es-o-es
bouée (f) de sauvetage	ห่วงยาง	hùang yaang

LA VILLE

27. Les transports en commun

autobus (m)	รถเมล์	rót may
tramway (m)	รถราง	rót raang
trolleybus (m)	รถโดยสารประจำทางไฟฟ้า	rót doi săan bprà-jam thaang fai fáa
itinéraire (m)	เส้นทาง	sên thaang
numéro (m)	หมายเลข	măai lâyk
prendre ...	ไปด้วย	bpai dûay
monter (dans l'autobus)	ขึ้น	khêun
descendre de ...	ลง	long
arrêt (m)	ป้าย	bpâai
arrêt (m) prochain	ป้ายถัดไป	bpâai thàt bpai
terminus (m)	ป้ายสุดท้าย	bpâai sùt tháai
horaire (m)	ตารางเวลา	dtaa-raang way-laa
attendre (vt)	รอ	ror
ticket (m)	ตั๋ว	dtŭa
prix (m) du ticket	ค่าตั๋ว	khâa dtŭa
caissier (m)	คนขายตั๋ว	khon khăai dtŭa
contrôle (m) des tickets	การตรวจตั๋ว	gaan dtrùat dtŭa
contrôleur (m)	พนักงานตรวจตั๋ว	phá-nák ngaan dtrùat dtŭa
être en retard	ไปสาย	bpai săai
rater (~ le train)	พลาด	phlâat
se dépêcher	รีบเร่ง	rêep râyng
taxi (m)	แท็กซี่	tháek-sêe
chauffeur (m) de taxi	คนขับแท็กซี่	khon khàp tháek-sêe
en taxi	โดยแท็กซี่	doi tháek-sêe
arrêt (m) de taxi	ป้ายจอดแท็กซี่	bpâai jòrt tháek sêe
appeler un taxi	เรียกแท็กซี่	rîak tháek sêe
prendre un taxi	ขึ้นรถแท็กซี่	khêun rót tháek-sêe
trafic (m)	การจราจร	gaan jà-raa-jon
embouteillage (m)	การจราจรติดขัด	gaan jà-raa-jon dtìt khàt
heures (f pl) de pointe	ชั่วโมงเร่งด่วน	chûa mohng râyng dùan
se garer (vp)	จอด	jòrt
garer (vt)	จอด	jòrt
parking (m)	ลานจอดรถ	laan jòrt rót
métro (m)	รถไฟใต้ดิน	rót fai dtâi din
station (f)	สถานี	sà-thă-nee
prendre le métro	ขึ้นรถไฟใต้ดิน	khêun rót fai dtâi din
train (m)	รถไฟ	rót fai
gare (f)	สถานีรถไฟ	sà-thă-nee rót fai

28. La ville. La vie urbaine

ville (f)	เมือง	meuang
capitale (f)	เมืองหลวง	meuang lŭang
village (m)	หมูบาน	mòo bâan
plan (m) de la ville	แผนที่เมือง	phăen thêe meuang
centre-ville (m)	ใจกลางเมือง	jai glaang-meuang
banlieue (f)	ชานเมือง	chaan meuang
de banlieue (adj)	ชานเมือง	chaan meuang
périphérie (f)	รอบนอกเมือง	rôrp nôrk meuang
alentours (m pl)	เขตรอบเมือง	khàyt rôrp-meuang
quartier (m)	บล็อกผังเมือง	blòrk phăng meuang
quartier (m) résidentiel	บล็อกที่อยู่อาศัย	blòrk thêe yòo aa-săi
trafic (m)	การจราจร	gaan jà-raa-jon
feux (m pl) de circulation	ไฟจราจร	fai jà-raa-jon
transport (m) urbain	ขนส่งมวลชน	khŏn sòng muan chon
carrefour (m)	สี่แยก	sèe yâek
passage (m) piéton	ทางม้าลาย	thaang máa laai
passage (m) souterrain	อุโมงค์คนเดิน	u-mohng kon dern
traverser (vt)	ข้าม	khâam
piéton (m)	คนเดินเท้า	khon dern tháo
trottoir (m)	ทางเทา	thaang tháo
pont (m)	สะพาน	sà-phaan
quai (m)	ทางเลียบแม่น้ำ	thaang lîap mâe náam
fontaine (f)	น้ำพุ	nám phú
allée (f)	ทางเลียบสวน	thaang lîap sŭan
parc (m)	สวน	sŭan
boulevard (m)	ถนนกว้าง	thà-nŏn gwâang
place (f)	จัตุรัส	jàt-dtù-ràt
avenue (f)	ถนนใหญ่	thà-nŏn yài
rue (f)	ถนน	thà-nŏn
ruelle (f)	ซอย	soi
impasse (f)	ทางตัน	thaang dtan
maison (f)	บ้าน	bâan
édifice (m)	อาคาร	aa-khaan
gratte-ciel (m)	ตึกระฟ้า	dtèuk rá-fáa
façade (f)	ด้านหน้าอาคาร	dâan-nâa aa-khaan
toit (m)	หลังคา	lăng khaa
fenêtre (f)	หูน้าตาง	nâa dtàang
arc (m)	ซุ้มประตู	súm bprà-dtoo
colonne (f)	เสา	săo
coin (m)	มุม	mum
vitrine (f)	หน้าต่างร้านค้า	nâa dtàang ráan kháa
enseigne (f)	ป้ายราน	bpâai ráan
affiche (f)	โปสเตอร์	bpòht-dtêr
affiche (f) publicitaire	ป้ายโฆษณา	bpâai khôht-sà-naa

panneau-réclame (m)	กระดานปิดประกาศ	grà-daan bpìt bprà-gàat
	โฆษณา	khôht-sà-naa
ordures (f pl)	ขยะ	khà-yà
poubelle (f)	ถังขยะ	thǎng khà-yà
jeter à terre	ทิ้งขยะ	thíng khà-yà
décharge (f)	ที่ทิ้งขยะ	thêe thíng khà-yà
cabine (f) téléphonique	ตู้โทรศัพท์	dtôo thoh-rá-sàp
réverbère (m)	เสาโคม	sǎo khohm
banc (m)	ม้านั่ง	máa nâng
policier (m)	เจ้าหน้าที่ตำรวจ	jâo nâa-thêe dtam-rùat
police (f)	ตำรวจ	dtam-rùat
clochard (m)	ขอทาน	khǒr thaan
sans-abri (m)	คนไร้บ้าน	khon rái bâan

29. Les institutions urbaines

magasin (m)	ร้านค้า	ráan kháa
pharmacie (f)	ร้านขายยา	ráan khǎai yaa
opticien (m)	ร้านตัดแว่น	ráan dtàt wâen
centre (m) commercial	ศูนย์การค้า	sǒon gaan kháa
supermarché (m)	ซูเปอร์มาร์เก็ต	soo-bper-maa-gèt
boulangerie (f)	ร้านขนมปัง	ráan khà-nǒm bpang
boulanger (m)	คนอบขนมปัง	khon òp khà-nǒm bpang
pâtisserie (f)	ร้านขนม	ráan khà-nǒm
épicerie (f)	ร้านขายของชำ	ráan khǎai khǒrng cham
boucherie (f)	ร้านขายเนื้อ	ráan khǎai néua
magasin (m) de légumes	ร้านขายผัก	ráan khǎai phàk
marché (m)	ตลาด	dtà-làat
salon (m) de café	ร้านกาแฟ	ráan gaa-fae
restaurant (m)	ร้านอาหาร	ráan aa-hǎan
brasserie (f)	บาร์	baa
pizzeria (f)	ร้านพิชซ่า	ráan phís-sâa
salon (m) de coiffure	ร้านทำผม	ráan tham phǒm
poste (f)	โรงไปรษณีย์	rohng bprai-sà-nee
pressing (m)	ร้านซักแห้ง	ráan sák hâeng
atelier (m) de photo	ห้องถ่ายภาพ	hôrng thàai phâap
magasin (m) de chaussures	ร้านขายรองเท้า	ráan khǎai rorng táo
librairie (f)	ร้านขายหนังสือ	ráan khǎai nǎng-sěu
magasin (m) d'articles de sport	ร้านขายอุปกรณ์กีฬา	ráan khǎai u-bpà-gon gee-laa
atelier (m) de retouche	ร้านซ่อมเสื้อผ้า	ráan sôrm sêua phâa
location (f) de vêtements	ร้านเช่าเสื้อออกงาน	ráan châo sêua òrk ngaan
location (f) de films	ร้านเช่าวิดีโอ	ráan châo wí-dee-oh
cirque (m)	โรงละครสัตว์	rohng lá-khon sàt
zoo (m)	สวนสัตว์	sǔan sàt
cinéma (m)	โรงภาพยนตร์	rohng phâap-phá-yon

musée (m)	พิพิธภัณฑ์	phí-phítha phan
bibliothèque (f)	หองสมุด	hôrng sà-mùt
théâtre (m)	โรงละคร	rohng lá-khon
opéra (m)	โรงอุปรากร	rohng ù-bpà-raa-gon
boîte (f) de nuit	ไนทคลับ	nai-khláp
casino (m)	คาสิโน	khaa-sì-noh
mosquée (f)	สุเหร่า	sù-rào
synagogue (f)	โบสถยิว	bòht yiw
cathédrale (f)	อาสนวิหาร	aa sŏn wí-hăan
temple (m)	วิหาร	wí-hăan
église (f)	โบสถ	bòht
institut (m)	วิทยาลัย	wít-thá-yaa-lai
université (f)	มหาวิทยาลัย	má-hăa wít-thá-yaa-lai
école (f)	โรงเรียน	rohng rian
préfecture (f)	ศาลากลางจังหวัด	săa-laa glaang jang-wàt
mairie (f)	ศาลาเทศบาล	săa-laa thâyt-sà-baan
hôtel (m)	โรงแรม	rohng raem
banque (f)	ธนาคาร	thá-naa-khaan
ambassade (f)	สถานทูต	sà-thăan thôot
agence (f) de voyages	บริษัททัวร์	bor-rí-sàt thua
bureau (m) d'information	สำนักงาน	săm-nák ngaan
	ศูนยขอมูล	sŏon khôr moon
bureau (m) de change	รานแลกเงิน	ráan lâek ngern
métro (m)	รถไฟใต้ดิน	rót fai dtâi din
hôpital (m)	โรงพยาบาล	rohng phá-yaa-baan
station-service (f)	ปั๊มน้ำมัน	bpám náam man
parking (m)	ลานจอดรถ	laan jòrt rót

30. Les enseignes. Les panneaux

enseigne (f)	ป้ายร้าน	bpâai ráan
pancarte (f)	ป้ายเตือน	bpâai dteuan
poster (m)	โปสเตอร	bpòht-dtêr
indicateur (m) de direction	ป้ายบอกทาง	bpâai bòrk thaang
flèche (f)	ลูกศร	lôok sŏn
avertissement (m)	คำเตือน	kham dteuan
panneau d'avertissement	ป้ายเตือน	bpâai dteuan
avertir (vt)	เตือน	dteuan
jour (m) de repos	วันหยุด	wan yùt
horaire (m)	ตารางเวลา	dtaa-raang way-laa
heures (f pl) d'ouverture	เวลาทำการ	way-laa tham gaan
BIENVENUE!	ยินดีต้อนรับ!	yin dee dtôrn ráp
ENTRÉE	ทางเขา	thaang khâo
SORTIE	ทางออก	thaang òrk

POUSSER	ผลัก	phlàk
TIRER	ดึง	deung
OUVERT	เปิด	bpèrt
FERMÉ	ปิด	bpìt

| FEMMES | หญิง | yĭng |
| HOMMES | ชาย | chaai |

RABAIS	ลดราคา	lót raa-khaa
SOLDES	ขายของลดราคา	khăai khŏrng lót raa-khaa
NOUVEAU!	ใหม่!	mài
GRATUIT	ฟรี	free

ATTENTION!	โปรดทราบ!	bpròht sâap
COMPLET	ไม่มีห้องว่าง	mâi mee hôrng wâang
RÉSERVÉ	จองแล้ว	jorng láew

| ADMINISTRATION | สำนักงาน | săm-nák ngaan |
| RÉSERVÉ AU PERSONNEL | เฉพาะพนักงาน | chà-phór phá-nák ngaan |

ATTENTION CHIEN MÉCHANT	ระวังสุนัข!	rá-wang sù-nák
DÉFENSE DE FUMER	ห้ามสูบบุหรี่	hâam sòop bù rèe
PRIÈRE DE NE PAS TOUCHER	ห้ามแตะ!	hâam dtàe

DANGEREUX	อันตราย	an-dtà-raai
DANGER	อันตราย	an-dtà-raai
HAUTE TENSION	ไฟฟ้าแรงสูง	fai fáa raeng sŏong
BAIGNADE INTERDITE	ห้ามว่ายน้ำ!	hâam wâai náam
HORS SERVICE	เสีย	sĭa

INFLAMMABLE	อันตรายติดไฟ	an-dtà-raai dtìt fai
INTERDIT	ห้าม	hâam
PASSAGE INTERDIT	ห้ามผ่าน!	hâam phàan
PEINTURE FRAÎCHE	สีพื้นเปียก	sĕe phéun bpìak

31. Le shopping

acheter (vt)	ซื้อ	séu
achat (m)	ของซื้อ	khŏrng séu
faire des achats	ไปซื้อของ	bpai séu khŏrng
shopping (m)	การชอปปิ้ง	gaan chôp bping

| être ouvert | เปิด | bpèrt |
| être fermé | ปิด | bpìt |

chaussures (f pl)	รองเท้า	rorng tháo
vêtement (m)	เสื้อผ้า	sêua phâa
produits (m pl) de beauté	เครื่องสำอาง	khrêuang săm-aang
produits (m pl) alimentaires	อาหาร	aa-hăan
cadeau (m)	ของขวัญ	khŏrng khwăn
vendeur (m)	พนักงานขาย	phá-nák ngaan khăai
vendeuse (f)	พนักงานขาย	phá-nák ngaan khăai

caisse (f)	ที่จ่ายเงิน	thêe jàai ngern
miroir (m)	กระจก	grà-jòk
comptoir (m)	เคาน์เตอร์	khao-dtêr
cabine (f) d'essayage	ห้องลองเสื้อผ้า	hôrng lorng sêua phâa

essayer (robe, etc.)	ลอง	lorng
aller bien (robe, etc.)	เหมาะ	mò
plaire (être apprécié)	ชอบ	chôrp

prix (m)	ราคา	raa-khaa
étiquette (f) de prix	ป้ายราคา	bpâai raa-khaa
coûter (vt)	ราคา	raa-khaa
Combien?	ราคาเท่าไหร่?	raa-khaa thâo rài
rabais (m)	ลดราคา	lót raa-khaa

pas cher (adj)	ไม่แพง	mâi phaeng
bon marché (adj)	ถูก	thòok
cher (adj)	แพง	phaeng
C'est cher	มันราคาแพง	man raa-khaa phaeng

location (f)	การเช่า	gaan châo
louer (une voiture, etc.)	เช่า	châo
crédit (m)	สินเชื่อ	sĭn chêua
à crédit (adv)	ซื้อเงินเชื่อ	séu ngern chêua

LES VÊTEMENTS & LES ACCESSOIRES

32. Les vêtements d'extérieur

vêtement (m)	เสื้อผ้า	sêua phâa
survêtement (m)	เสื้อนอก	sêua nôk
vêtement (m) d'hiver	เสื้อกันหนาว	sêua gan năao
manteau (m)	เสื้อโค้ท	sêua khóht
manteau (m) de fourrure	เสื้อโค้ทขนสัตว์	sêua khóht khŏn sàt
veste (f) de fourrure	แจ็คเก็ตขนสัตว์	jáek-gèt khŏn sàt
manteau (m) de duvet	แจ็คเก็ตกันหนาว	jàek-gèt gan năao
veste (f) (~ en cuir)	แจ็คเก็ต	jáek-gèt
imperméable (m)	เสื้อกันฝน	sêua gan fŏn
imperméable (adj)	ซึ่งกันน้ำได้	sêung gan náam dâai

33. Les vêtements

chemise (f)	เสื้อ	sêua
pantalon (m)	กางเกง	gaang-gayng
jean (m)	กางเกงยีนส์	gaang-gayng yeen
veston (m)	แจ็คเก็ตสูท	jáek-gèt sòot
complet (m)	ชุดสูท	chút sòot
robe (f)	ชุดเดรส	chút draet
jupe (f)	กระโปรง	grà bprohng
chemisette (f)	เสื้อ	sêua
veste (f) en laine	แจ็คเก็ตถัก	jáek-gèt thàk
jaquette (f), blazer (m)	แจ็คเก็ต	jáek-gèt
tee-shirt (m)	เสื้อยืด	sêua yêut
short (m)	กางเกงขาสั้น	gaang-gayng khăa sân
costume (m) de sport	ชุดวอรม	chút wom
peignoir (m) de bain	เสื้อคลุมอาบน้ำ	sêua khlum àap náam
pyjama (m)	ชุดนอน	chút norn
chandail (m)	เสื้อไหมพรม	sêua măi phrom
pull-over (m)	เสื้อกันหนาวแบบสวม	sêua gan năao bàep sŭam
gilet (m)	เสื้อกั๊ก	sêua gák
queue-de-pie (f)	เสื้อเทลโค้ต	sêua thayn-khóht
smoking (m)	ชุดทักซิโด	chút thák sí dôh
uniforme (m)	เครื่องแบบ	khrêuang bàep
tenue (f) de travail	ชุดทำงาน	chút tam ngaan
salopette (f)	ชุดเอี๊ยม	chút íam
blouse (f) (d'un médecin)	เสื้อคลุม	sêua khlum

34. Les sous-vêtements

sous-vêtements (m pl)	ชุดชั้นใน	chút chán nai
boxer (m)	กางเกงในชาย	gaang-gayng nai chaai
slip (m) de femme	กางเกงในสตรี	gaang-gayng nai sàt-dtree
maillot (m) de corps	เสื้อชั้นใน	sêua chán nai
chaussettes (f pl)	ถุงเท้า	thǔng tháo
chemise (f) de nuit	ชุดนอนสตรี	chút norn sàt-dtree
soutien-gorge (m)	ยกทรง	yók song
chaussettes (f pl) hautes	ถุงเท้ายาว	thǔng tháo yaao
collants (m pl)	ถุงน่องเต็มตัว	thǔng nôrng dtem dtua
bas (m pl)	ถุงน่อง	thǔng nôrng
maillot (m) de bain	ชุดว่ายน้ำ	chút wâai náam

35. Les chapeaux

chapeau (m)	หมวก	mùak
chapeau (m) feutre	หมวก	mùak
casquette (f) de base-ball	หมวกเบสบอล	mùak bàyt-bon
casquette (f)	หมวกติงลี่	mùak dting lêe
béret (m)	หูมวกเบเร่ต์	mùak bay-rây
capuche (f)	ฮูด	hóot
panama (m)	หมวกปานามา	mùak bpaa-naa-maa
bonnet (m) de laine	หมวกไหมพรม	mùak mǎi phrom
foulard (m)	ผ้าโพกศีรษะ	phâa phôhk sěe-sà
chapeau (m) de femme	หมวกสตรี	mùak sàt-dtree
casque (m) (d'ouvriers)	หมวกนิรภัย	mùak ní-rá-phai
calot (m)	หมวกหนีบ	mùak nèep
casque (m) (~ de moto)	หมวกกันน็อค	mùak ní-rá-phai
melon (m)	หมวกกลมทรงสูง	mùak glom song sǒong
haut-de-forme (m)	หมวกทรงสูง	mùak song sǒong

36. Les chaussures

chaussures (f pl)	รองเท้า	rorng tháo
bottines (f pl)	รองเท้า	rorng tháo
souliers (m pl) (~ plats)	รองเท้า	rorng tháo
bottes (f pl)	รองเท้าบูท	rorng tháo bòot
chaussons (m pl)	รองเท้าแตะในบ้าน	rorng tháo dtàe nai bâan
tennis (m pl)	รองเท้ากีฬา	rorng tháo gee-laa
baskets (f pl)	รองเท้าผ้าใบ	rorng tháo phâa bai
sandales (f pl)	รองเท้าแตะ	rorng tháo dtàe
cordonnier (m)	คนซ่อมรองเท้า	khon sôrm rorng tháo
talon (m)	ส้นรองเท้า	sôn rorng tháo

paire (f)	คู่	khôo
lacet (m)	เชือกรองเท้า	chêuak rorng tháo
lacer (vt)	ผูกเชือกรองเท้า	phòok chêuak rorng tháo
chausse-pied (m)	ที่ช้อนรองเท้า	thêe chón rorng tháo
cirage (m)	ยาขัดรองเท้า	yaa khàt rorng tháo

37. Les accessoires personnels

gants (m pl)	ถุงมือ	thŭng meu
moufles (f pl)	ถุงมือ	thŭng meu
écharpe (f)	ผ้าพันคอ	phâa phan khor

lunettes (f pl)	แว่นตา	wâen dtaa
monture (f)	กรอบแว่น	gròrp wâen
parapluie (m)	ร่ม	rôm
canne (f)	ไม้เท้า	máai tháo
brosse (f) à cheveux	แปรงหวีผม	bpraeng wĕe phŏm
éventail (m)	พัด	phát

cravate (f)	เนคไท	nâyk-thai
nœud papillon (m)	โบว์หูกระต่าย	boh hŏo grà-dtàai
bretelles (f pl)	สายเอี่ยม	săai íam
mouchoir (m)	ผ้าเช็ดหน้า	phâa chét-nâa

peigne (m)	หวี	wĕe
barrette (f)	ที่หนีบผม	têe nèep phŏm
épingle (f) à cheveux	กิ๊บ	gíp
boucle (f)	หัวเข็มขัด	hŭa khĕm khàt

| ceinture (f) | เข็มขัด | khĕm khàt |
| bandoulière (f) | สายกระเป๋า | săai grà-bpăo |

sac (m)	กระเป๋า	grà-bpăo
sac (m) à main	กระเป๋าถือ	grà-bpăo thĕu
sac (m) à dos	กระเป๋าสะพายหลัง	grà-bpăo sà-phaai lăng

38. Les vêtements. Divers

mode (f)	แฟชั่น	fae-chân
à la mode (adj)	คานิยม	khâa ní-yom
couturier, créateur de mode	นักออกแบบแฟชั่น	nák òrk bàep fae-chân

col (m)	คอปกเสื้อ	khor bpòk sêua
poche (f)	กระเป๋า	grà-bpăo
de poche (adj)	กระเป๋า	grà-bpăo
manche (f)	แขนเสื้อ	khăen sêua
bride (f)	ที่แขวนเสื้อ	thêe khwăen sêua
braguette (f)	ซิปกางเกง	síp gaang-gayng

fermeture (f) à glissière	ซิป	síp
agrafe (f)	ซิป	síp
bouton (m)	กระดุม	grà dum

| boutonnière (f) | รูกระดุม | roo grà dum |
| s'arracher (bouton) | หลุดออก | lùt òrk |

coudre (vi, vt)	เย็บ	yép
broder (vt)	ปัก	bpàk
broderie (f)	ลายปัก	laai bpàk
aiguille (f)	เข็มเย็บผ้า	khĕm yép phâa
fil (m)	เสนดาย	sây-dâai
couture (f)	รอยเย็บ	roi yép

se salir (vp)	สกปรก	sòk-gà-bpròk
tache (f)	รอยเปื้อน	roi bpêuan
se froisser (vp)	พับเป็นรอยย่น	pháp bpen roi yôn
déchirer (vt)	ฉีก	chèek
mite (f)	แมลงกินผ้า	má-laeng gin phâa

39. L'hygiène corporelle. Les cosmétiques

dentifrice (m)	ยาสีฟัน	yaa sĕe fan
brosse (f) à dents	แปรงสีฟัน	bpraeng sĕe fan
se brosser les dents	แปรงฟัน	bpraeng fan

rasoir (m)	มีดโกน	mêet gohn
crème (f) à raser	ครีมโกนหนวด	khreem gohn nùat
se raser (vp)	โกน	gohn

| savon (m) | สบู่ | sà-bòo |
| shampooing (m) | แชมพู | chaem-phoo |

ciseaux (m pl)	กรรไกร	gan-grai
lime (f) à ongles	ตะไบเล็บ	dtà-bai lép
pinces (f pl) à ongles	กรรไกรตัดเล็บ	gan-grai dtàt lép
pince (f) à épiler	แหนบ	nàep

produits (m pl) de beauté	เครื่องสำอาง	khrêuang săm-aang
masque (m) de beauté	มาสกหน้า	mâak nâa
manucure (f)	การแต่งเล็บ	gaan dtàeng lép
se faire les ongles	แต่งเล็บ	dtàeng lép
pédicurie (f)	การแต่งเล็บเท้า	gaan dtàeng lép táo

trousse (f) de toilette	กระเป๋าเครื่องสำอาง	grà-bpăo khrêuang săm-aang
poudre (f)	แป้งฝุ่น	bpâeng-fùn
poudrier (m)	ตลับแป้ง	dtà-làp bpâeng
fard (m) à joues	แป้งทาแก้ม	bpâeng thaa gâem

parfum (m)	น้ำหอม	nám hŏrm
eau (f) de toilette	น้ำหอมออนๆ	náam hŏrm òn òn
lotion (f)	โลชั่น	loh-chân
eau de Cologne (f)	โคโลญจ์	khoh-lohn

fard (m) à paupières	อายแชโดว์	aai-chae-doh
crayon (m) à paupières	อายไลเนอร์	aai lai-ner
mascara (m)	มาสคารา	mâat-khaa-râa
rouge (m) à lèvres	ลิปสติก	líp-sà-dtìk

vernis (m) à ongles	น้ำยาทาเล็บ	nám yaa-thaa lép
laque (f) pour les cheveux	สเปรยฉีดผม	sà-bpray chèet phŏm
déodorant (m)	ยาดับกลิ่น	yaa dàp glìn
crème (f)	ครีม	khreem
crème (f) pour le visage	ครีมทาหน้า	khreem thaa nâa
crème (f) pour les mains	ครีมทามือ	khreem thaa meu
crème (f) anti-rides	ครีมลดริ้วรอย	khreem lót ríw roi
crème (f) de jour	ครีมกลางวัน	khreem klaang wan
crème (f) de nuit	ครีมกลางคืน	khreem klaang kheun
de jour (adj)	กลางวัน	glaang wan
de nuit (adj)	กลางคืน	glaang kheun
tampon (m)	ผ้าอนามัยแบบสอด	phâa a-naa-mai bàep sòrt
papier (m) de toilette	กระดาษชำระ	grà-dàat cham-rá
sèche-cheveux (m)	เครื่องเป่าผม	khrêuang bpào phŏm

40. Les montres. Les horloges

montre (f)	นาฬิกา	naa-lí-gaa
cadran (m)	หน้าปัด	nâa bpàt
aiguille (f)	เข็ม	khĕm
bracelet (m)	สายนาฬิกาข้อมือ	săai naa-lí-gaa khôr meu
bracelet (m) (en cuir)	สายรัดขอมือ	săai rát khôr meu
pile (f)	แบตเตอรี่	bàet-dter-rêe
être déchargé	หมด	mòt
changer de pile	เปลี่ยนแบตเตอรี่	bplìan bàet-dter-rêe
avancer (vi)	เดินเร็วเกินไป	dern reo gern bpai
retarder (vi)	เดินชา	dern cháa
pendule (f)	นาฬิกาแขวนผนัง	naa-lí-gaa khwăen phà-năng
sablier (m)	นาฬิกาทราย	naa-lí-gaa saai
cadran (m) solaire	นาฬิกาแดด	naa-lí-gaa dàet
réveil (m)	นาฬิกาปลุก	naa-lí-gaa bplùk
horloger (m)	ชุงซอมนาฬิกา	châang sôrm naa-lí-gaa
réparer (vt)	ซอม	sôrm

L'EXPÉRIENCE QUOTIDIENNE

41. L'argent

argent (m)	เงิน	ngern
échange (m)	การแลกเปลี่ยน สกุลเงิน	gaan lâek bplìan sà-gun ngern
cours (m) de change	อัตราแลกเปลี่ยน สกุลเงิน	àt-dtraa lâek bplìan sà-gun ngern
distributeur (m)	เอทีเอ็ม	ay-thee-em
monnaie (f)	เหรียญ	rĭan
dollar (m)	ดอลลาร์	dorn-lâa
euro (m)	ยูโร	yoo-roh
lire (f)	ลีราอิตาลี	lee-raa ì-dtaa-lee
mark (m) allemand	มาร์ค	mâak
franc (m)	ฟรังค์	frang
livre sterling (f)	ปอนด์สเตอร์ลิง	bporn sà-dtêr-ling
yen (m)	เยน	yayn
dette (f)	หนี้	nêe
débiteur (m)	ลูกหนี้	lôok nêe
prêter (vt)	ให้ยืม	hâi yeum
emprunter (vt)	ขอยืม	khŏr yeum
banque (f)	ธนาคาร	thá-naa-khaan
compte (m)	บัญชี	ban-chee
verser (dans le compte)	ฝาก	fàak
verser dans le compte	ฝากเงินเข้าบัญชี	fàak ngern khâo ban-chee
retirer du compte	ถอน	thŏrn
carte (f) de crédit	บัตรเครดิต	bàt khray-dìt
espèces (f pl)	เงินสด	ngern sòt
chèque (m)	เช็ค	chék
faire un chèque	เขียนเช็ค	khĭan chék
chéquier (m)	สมุดเช็ค	sà-mùt chék
portefeuille (m)	กระเป๋าเงิน	grà-bpǎo ngern
bourse (f)	กูระเป๋าสตางค์	grà-bpǎo sà-dtaang
coffre fort (m)	ตู้เซฟ	dtôo sâyf
héritier (m)	ทายาท	thaa-yâat
héritage (m)	มรดก	mor-rá-dòrk
fortune (f)	เงินจำนวนมาก	ngern jam-nuan mâak
location (f)	สัญญาเช่า	sǎn-yaa châo
loyer (m) (argent)	ค่าเช่า	kâa châo
louer (prendre en location)	เช่า	châo
prix (m)	ราคา	raa-khaa

coût (m)	ราคา	raa-khaa
somme (f)	จำนวนเงินรวม	jam-nuan ngern ruam
dépenser (vt)	จ่าย	jàai
dépenses (f pl)	ค่าจ่าย	khâa jàai
économiser (vt)	ประหยัด	bprà-yàt
économe (adj)	ประหยัด	bprà-yàt
payer (régler)	จ่าย	jàai
paiement (m)	การจ่ายเงิน	gaan jàai ngern
monnaie (f) (rendre la ~)	เงินทอน	ngern thorn
impôt (m)	ภาษี	phaa-sěe
amende (f)	ค่าปรับ	khâa bpràp
mettre une amende	ปรับ	bpràp

42. La poste. Les services postaux

poste (f)	โรงไปรษณีย์	rohng bprai-sà-nee
courrier (m) (lettres, etc.)	จดหมาย	jòt mǎai
facteur (m)	บุรุษไปรษณีย์	bù-rùt bprai-sà-nee
heures (f pl) d'ouverture	เวลาทำการ	way-laa tham gaan
lettre (f)	จดหมาย	jòt mǎai
recommandé (m)	จดหมายลงทะเบียน	jòt mǎai long thá-bian
carte (f) postale	ไปรษณียบัตร	bprai-sà-nee-yá-bàt
télégramme (m)	โทรเลข	thoh-rá-lâyk
colis (m)	พัสดุ	phát-sà-dù
mandat (m) postal	การโอนเงิน	gaan ohn ngern
recevoir (vt)	รับ	ráp
envoyer (vt)	ฝาก	fàak
envoi (m)	การฝาก	gaan fàak
adresse (f)	ที่อยู่	thêe yòo
code (m) postal	รหัสไปรษณีย์	rá-hàt bprai-sà-nee
expéditeur (m)	ผู้ฝาก	phôo fàak
destinataire (m)	ผู้รับ	phôo ráp
prénom (m)	ชื่อ	chêu
nom (m) de famille	นามสกุล	naam sà-gun
tarif (m)	อัตราค่าส่งไปรษณีย์	àt-dtraa khâa sòng bprai-sà-nee
normal (adj)	มาตรฐาน	mâat-dtrà-thǎan
économique (adj)	ประหยัด	bprà-yàt
poids (m)	น้ำหนัก	nám nàk
peser (~ les lettres)	มีน้ำหนัก	mee nám nàk
enveloppe (f)	ซอง	sorng
timbre (m)	แสตมป์ไปรษณีย์	sà-dtaem bprai-sà-nee
timbrer (vt)	แสตมป์ตราประทับบนซอง	sà-dtaem dtraa bprà-tháp bon song

43. Les opérations bancaires

| banque (f) | ธนาคาร | thá-naa-khaan |
| agence (f) bancaire | สาขา | săa-khăa |

conseiller (m)	พนักงาน	phá-nák ngaan
	ธนาคาร	thá-naa-khaan
gérant (m)	ผู้จัดการ	phôo jàt gaan

compte (m)	บัญชีธนาคาร	ban-chee thá-naa-kaan
numéro (m) du compte	หมายเลขบัญชี	măai lâyk ban-chee
compte (m) courant	กระแสรายวัน	grà-săe raai wan
compte (m) sur livret	บัญชีออมทรัพย์	ban-chee orm sáp

ouvrir un compte	เปิดบัญชี	bpèrt ban-chee
clôturer le compte	ปิดบัญชี	bpit ban-chee
verser dans le compte	ฝากเงินเข้าบัญชี	fàak ngern khâo ban-chee
retirer du compte	ถอน	thŏrn

dépôt (m)	การฝาก	gaan fàak
faire un dépôt	ฝาก	fàak
virement (m) bancaire	การโอนเงิน	gaan ohn ngern
faire un transfert	โอนเงิน	ohn ngern

| somme (f) | จำนวนเงินรวม | jam-nuan ngern ruam |
| Combien? | เท่าไหร่? | thâo rài |

| signature (f) | ลายมือชื่อ | laai meu chêu |
| signer (vt) | ลงนาม | long naam |

carte (f) de crédit	บัตรเครดิต	bàt khray-dìt
code (m)	รหัส	rá-hàt
numéro (m) de carte de crédit	หมายเลขบัตรเครดิต	măai lâyk bàt khray-dìt
distributeur (m)	เอทีเอ็ม	ay-thee-em

chèque (m)	เช็ค	chék
faire un chèque	เขียนเช็ค	khĭan chék
chéquier (m)	สมุดเช็ค	sà-mùt chék

crédit (m)	เงินกู้	ngern gôo
demander un crédit	ขอสินเชื่อ	khŏr sĭn chêua
prendre un crédit	กู้เงิน	gôo ngern
accorder un crédit	ให้กู้เงิน	hâi gôo ngern
gage (m)	การรับประกัน	gaan ráp bprà-gan

44. Le téléphone. La conversation téléphonique

téléphone (m)	โทรศัพท์	thoh-rá-sàp
portable (m)	มือถือ	meu thĕu
répondeur (m)	เครื่องพูดตอบ	khrêuang phôot dtòp

| téléphoner, appeler | โทรศัพท์ | thoh-rá-sàp |
| appel (m) | การโทรศัพท์ | gaan thoh-rá-sàp |

composer le numéro	หมุนหมายเลขโทรศัพท์	mŭn măai lâyk thoh-rá-sàp
Allô!	สวัสดี!	sà-wàt-dee
demander (~ l'heure)	ถาม	thăam
répondre (vi, vt)	รับสาย	ráp săai
entendre (bruit, etc.)	ได้ยิน	dâai yin
bien (adv)	ดี	dee
mal (adv)	ไม่ดี	mâi dee
bruits (m pl)	เสียงรบกวน	sĭang róp guan
récepteur (m)	ตัวรับสัญญาณ	dtua ráp săn-yaan
décrocher (vt)	รับสาย	ráp săai
raccrocher (vi)	วางสาย	waang săai
occupé (adj)	ไม่ว่าง	mâi wâang
sonner (vi)	ดัง	dang
carnet (m) de téléphone	สมุดโทรศัพท์	sà-mùt thoh-rá-sàp
local (adj)	ในประเทศ	nai bprà-thâyt
appel (m) local	โทรในประเทศ	thoh nai bprà-thâyt
interurbain (adj)	ระยะไกล	rá-yá glai
appel (m) interurbain	โทรระยะไกล	thoh-rá-yá glai
international (adj)	ต่างประเทศ	dtàang bprà-thâyt
appel (m) international	โทรต่างประเทศ	thoh dtàang bprà-thâyt

45. Le téléphone portable

portable (m)	มือถือ	meu thĕu
écran (m)	หน้าจอ	nâa jor
bouton (m)	ปุ่ม	bpùm
carte SIM (f)	ซิมการ์ด	sím gàat
pile (f)	แบตเตอรี่	bàet-dter-rêe
être déchargé	หมด	mòt
chargeur (m)	ที่ชาร์จ	thêe châat
menu (m)	เมนู	may-noo
réglages (m pl)	การตั้งค่า	gaan dtâng khâa
mélodie (f)	เสียงเพลง	sĭang phlayng
sélectionner (vt)	เลือก	lêuak
calculatrice (f)	เครื่องคิดเลข	khrêuang khít lâyk
répondeur (m)	ขอความเสียง	khŏr khwaam sĭang
réveil (m)	นาฬิกาปลุก	naa-lí-gaa bplùk
contacts (m pl)	รายชื่อผู้ติดต่อ	raai chêu phôo dtìt dtòr
SMS (m)	SMS	es-e-mes
abonné (m)	ผู้สมัครรับบริการ	phôo sà-màk ráp bor-rí-gaan

46. La papeterie

stylo (m) à bille	ปากกาลูกลื่น	bpàak gaa lôok lêun
stylo (m) à plume	ปากกาหมึกซึม	bpàak gaa mèuk seum

crayon (m)	ดินสอ	din-sŏr
marqueur (m)	ปากกาเน้น	bpàak gaa náyn
feutre (m)	ปากกาเมจิด	bpàak gaa may jìk
bloc-notes (m)	สมุดจด	sà-mùt jòt
agenda (m)	สมุดบันทึกรายวัน	sà-mùt ban-théuk raai wan
règle (f)	ไม้บรรทัด	máai ban-thát
calculatrice (f)	เครื่องคิดเลข	khrêuang khít lâyk
gomme (f)	ยางลบ	yaang lóp
punaise (f)	เป๊ก	bpáyk
trombone (m)	ลวดหนีบกระดาษ	lûat nèep grà-dàat
colle (f)	กาว	gaao
agrafeuse (f)	ที่เย็บกระดาษ	thêe yép grà-dàat
perforateur (m)	ที่เจาะรูกระดาษ	thêe jòr roo grà-dàat
taille-crayon (m)	ที่เหลาดินสอ	thêe lăo din-sŏr

47. Les langues étrangères

langue (f)	ภาษา	phaa-săa
étranger (adj)	ตางชาติ	dtàang châat
langue (f) étrangère	ภาษาตางชาติ	phaa-săa dtàang châat
étudier (vt)	เรียน	rian
apprendre (~ l'arabe)	เรียน	rian
lire (vi, vt)	อ่าน	àan
parler (vi, vt)	พูด	phôot
comprendre (vt)	เขาใจ	khâo jai
écrire (vt)	เขียน	khĭan
vite (adv)	รวดเร็ว	rûat reo
lentement (adv)	อย่างชา	yàang cháa
couramment (adv)	อย่างคลอง	yàang khlôrng
règles (f pl)	กฎ	gòt
grammaire (f)	ไวยากรณ์	wai-yaa-gon
vocabulaire (m)	คำศัพท	kham sàp
phonétique (f)	การออกเสียง	gaan òrk sĭang
manuel (m)	หนังสือเรียน	năng-sĕu rian
dictionnaire (m)	พจนานุกรม	phót-jà-naa-nú-grom
manuel (m) autodidacte	นหนังสือแบบเรียน	năng-sĕu bàep rian
	ดวยตนเอง	dûay dton ayng
guide (m) de conversation	เฟรสบุก	frayt bùk
cassette (f)	เทปคาสเซ็ตต์	thâyp khaas-sét
cassette (f) vidéo	วิดีโอ	wí-dee-oh
CD (m)	CD	see-dee
DVD (m)	DVD	dee-wee-dee
alphabet (m)	ตัวอักษร	dtua àk-sŏn
épeler (vt)	สะกด	sà-gòt
prononciation (f)	การออกเสียง	gaan òrk sĭang

accent (m)	สำเนียง	săm-niang
avec un accent	มีสำเนียง	mee săm-niang
sans accent	ไม่มีสำเนียง	mâi mee săm-niang
mot (m)	คำ	kham
sens (m)	ความหมาย	khwaam măai
cours (m pl)	หลักสูตร	làk sòot
s'inscrire (vp)	สมัคร	sà-màk
professeur (m) (~ d'anglais)	อาจารย์	aa-jaan
traduction (f) (action)	การแปล	gaan bplae
traduction (f) (texte)	คำแปล	kham bplae
traducteur (m)	นักแปล	nák bplae
interprète (m)	ล่าม	lâam
polyglotte (m)	ผู้รู้หลายภาษา	phôo róo lăai paa-săa
mémoire (f)	ความทรงจำ	khwaam song jam

LES REPAS. LE RESTAURANT

48. Le dressage de la table

cuillère (f)	ช้อน	chórn
couteau (m)	มีด	mêet
fourchette (f)	สอม	sôrm
tasse (f)	แก้ว	gâew
assiette (f)	จาน	jaan
soucoupe (f)	จานรอง	jaan rorng
serviette (f)	ผ้าเช็ดปาก	phâa chét bpàak
cure-dent (m)	ไม้จิ้มฟัน	máai jîm fan

49. Le restaurant

restaurant (m)	ร้านอาหาร	ráan aa-hǎan
salon (m) de café	ร้านกาแฟ	ráan gaa-fae
bar (m)	ร้านเหล้า	ráan lâo
salon (m) de thé	รานน้ำชา	ráan nám chaa
serveur (m)	คนเสิร์ฟชาย	khon sèrf chaai
serveuse (f)	คนเสิร์ฟหญิง	khon sèrf yǐng
barman (m)	บาร์เทนเดอร์	baa-thayn-dêr
carte (f)	เมนู	may-noo
carte (f) des vins	รายกูรไวน์	raai gaan wai
réserver une table	จองโต๊ะ	jorng dtó
plat (m)	มื้ออาหาร	méu aa-hǎan
commander (vt)	สั่ง	sàng
faire la commande	สั่งอาหาร	sàng aa-hǎan
apéritif (m)	เครื่องดื่มเหล้า กอนอาหาร	khrêuang dèum lâo gòrn aa-hǎan
hors-d'œuvre (m)	ของกินเล่น	khǒrng gin lâyn
dessert (m)	ของหวาน	khǒrng wǎan
addition (f)	คิดเงิน	khít ngern
régler l'addition	จวยคาอาหาร	jàai khâa aa hǎan
rendre la monnaie	ใหเงินทอน	hâi ngern thorn
pourboire (m)	เงินทิป	ngern thíp

50. Les repas

nourriture (f)	อาหาร	aa-hǎan
manger (vi, vt)	กิน	gin

petit déjeuner (m)	อาหารเช้า	aa-hǎan cháo
prendre le petit déjeuner	ทานอาหารเช้า	thaan aa-hǎan cháo
déjeuner (m)	ข้าวเที่ยง	khâao thîang
déjeuner (vi)	ทานอาหารเที่ยง	thaan aa-hǎan thîang
dîner (m)	อาหารเย็น	aa-hǎan yen
dîner (vi)	ทานอาหารเย็น	thaan aa-hǎan yen
appétit (m)	ความอยากอาหาร	kwaam yàak aa hǎan
Bon appétit!	กินให้อร่อย!	gin hâi a-ròi
ouvrir (vt)	เปิด	bpèrt
renverser (liquide)	ทำหก	tham hòk
se renverser (liquide)	ทำหกออกมา	tham hòk òrk maa
bouillir (vi)	ต้ม	dtôm
faire bouillir	ต้ม	dtôm
bouilli (l'eau ~e)	ต้ม	dtôm
refroidir (vt)	แช่เย็น	châe yen
se refroidir (vp)	แช่เย็น	châe yen
goût (m)	รสชาติ	rót châat
arrière-goût (m)	รส	rót
suivre un régime	ลดน้ำหนัก	lót nám nàk
régime (m)	อาหารพิเศษ	aa-hǎan phí-sàyt
vitamine (f)	วิตามิน	wí-dtaa-min
calorie (f)	แคลอรี่	khae-lor-rêe
végétarien (m)	คนกินเจ	khon gin jay
végétarien (adj)	มังสวิรัติ	mang-sà-wí-rát
lipides (m pl)	ไขมัน	khǎi man
protéines (f pl)	โปรตีน	bproh-dteen
glucides (m pl)	คาร์โบไฮเดรต	kaa-boh-hai-dràyt
tranche (f)	แผ่น	phàen
morceau (m)	ชิ้น	chín
miette (f)	เศษ	sàyt

51. Les plats cuisinés

plat (m)	มื้ออาหาร	méu aa-hǎan
cuisine (f)	อาหาร	aa-hǎan
recette (f)	ตำราอาหาร	dtam-raa aa-hǎan
portion (f)	ส่วน	sùan
salade (f)	สลัด	sà-làt
soupe (f)	ซุป	súp
bouillon (m)	ซุปน้ำใส	súp nám-sǎi
sandwich (m)	แซนด์วิช	saen-wít
les œufs brouillés	ไข่ทอด	khài thôrt
hamburger (m)	แฮมเบอร์เกอร์	haem-ber-gêr
steak (m)	สเต็กเนื้อ	sà-dtèk néua

garniture (f)	เครื่องเคียง	khrêuang khiang
spaghettis (m pl)	สปาเก็ตตี้	sà-bpaa-gèt-dtêe
purée (f)	มันฝรั่งบด	man fà-ràng bòt
pizza (f)	พิซซ่า	phít-sâa
bouillie (f)	ข้าวต้ม	khâao-dtôm
omelette (f)	ไข่เจียว	khài jieow

cuit à l'eau (adj)	ต้ม	dtôm
fumé (adj)	รมควัน	rom khwan
frit (adj)	ทอด	thôrt
sec (adj)	ตากแห้ง	dtàak hâeng
congelé (adj)	แช่แข็ง	châe khǎeng
mariné (adj)	ดอง	dorng

sucré (adj)	หวาน	wǎan
salé (adj)	เค็ม	khem
froid (adj)	เย็น	yen
chaud (adj)	ร้อน	rórn
amer (adj)	ขม	khǒm
bon (savoureux)	อร่อย	à-ròi

cuire à l'eau	ต้ม	dtôm
préparer (le dîner)	ทำอาหาร	tham aa-hǎan
faire frire	ทอด	thôrt
réchauffer (vt)	อุ่น	ùn

saler (vt)	ใส่เกลือ	sài gleua
poivrer (vt)	ใส่พริกไทย	sài phrík thai
râper (vt)	ขูด	khòot
peau (f)	เปลือก	bplèuak
éplucher (vt)	ปอกเปลือก	bpòrk bplêuak

52. Les aliments

viande (f)	เนื้อ	néua
poulet (m)	ไก่	gài
poulet (m) (poussin)	เนื้อลูกไก่	néua lôok gài
canard (m)	เป็ด	bpèt
oie (f)	ห่าน	hàan
gibier (m)	สัตว์ที่ล่า	sàt thêe lâa
dinde (f)	ไก่งวง	gài nguang

du porc	เนื้อหมู	néua mǒo
du veau	เนื้อลูกวัว	néua lôok wua
du mouton	เนื้อแกะ	néua gàe
du bœuf	เนื้อวัว	néua wua
lapin (m)	เนื้อกระต่าย	néua grà-dtàai

saucisson (m)	ไส้กรอก	sâi gròrk
saucisse (f)	ไส้กรอกเวียนนา	sâi gròrk wian-naa
bacon (m)	หมูเบคอน	mǒo bay-khorn
jambon (m)	แฮม	haem
cuisse (f)	แฮมแกมมอน	haem gaem-morn
pâté (m)	ปาเต	bpaa dtay

foie (m)	ตับ	dtàp
farce (f)	เนื้อสับ	néua sàp
langue (f)	ลิ้น	lín
œuf (m)	ไข่	khài
les œufs	ไข่	khài
blanc (m) d'œuf	ไข่ขาว	khài khǎao
jaune (m) d'œuf	ไขแดง	khài daeng
poisson (m)	ปลา	bplaa
fruits (m pl) de mer	อาหารทะเล	aa hǎan thá-lay
crustacés (m pl)	สัตว์พวกกุ้งกั้งปู	sàt phûak gûng gâng bpoo
caviar (m)	ไข่ปลา	khài-bplaa
crabe (m)	ปู	bpoo
crevette (f)	กุ้ง	gûng
huître (f)	หอยนางรม	hǒi naang rom
langoustine (f)	กุ้งมังกร	gûng mang-gon
poulpe (m)	ปลาหมึก	bplaa mèuk
calamar (m)	ปลาหมึกกล้วย	bplaa mèuk-glûay
esturgeon (m)	ปลาสเตอร์เจียน	bpláa sà-dtêr jian
saumon (m)	ปลาแซลมอน	bplaa saen-morn
flétan (m)	ปลาตาเดียว	bplaa dtaa-dieow
morue (f)	ปลาค็อด	bplaa khót
maquereau (m)	ปลาแม็คเคอเรล	bplaa máek-kay-a-rěn
thon (m)	ปลาทูน่า	bplaa thoo-nâa
anguille (f)	ปลาไหล	bplaa lǎi
truite (f)	ปลาเทราท์	bplaa thrau
sardine (f)	ปลาซาร์ดีน	bplaa saa-deen
brochet (m)	ปลาไพค์	bplaa phai
hareng (m)	ปลาเฮอร์ริ่ง	bplaa her-ring
pain (m)	ขนมปัง	khà-nǒm bpang
fromage (m)	เนยแข็ง	noie khǎeng
sucre (m)	น้ำตาล	nám dtaan
sel (m)	เกลือ	gleua
riz (m)	ข้าว	khâao
pâtes (m pl)	พาสต้า	phâat-dtâa
nouilles (f pl)	กวยเตี๋ยว	gǔay-dtǐeow
beurre (m)	เนย	noie
huile (f) végétale	น้ำมันพืช	nám man phêut
huile (f) de tournesol	น้ำมันดอกทานตะวัน	nám man dòrk thaan dtà-wan
margarine (f)	เนยเทียม	noie thiam
olives (f pl)	มะกอก	má-gòrk
huile (f) d'olive	น้ำมันมะกอก	nám man má-gòrk
lait (m)	นม	nom
lait (m) condensé	นมข้น	nom khôn
yogourt (m)	โยเกิร์ต	yoh-gèrt
crème (f) aigre	ซาวร์ครีม	saao khreem

crème (f) (de lait)	ครีม	khreem
sauce (f) mayonnaise	มาย็องเนส	maa-yorng-nâyt
crème (f) au beurre	สวนผสมของเนย และน้ำตาล	sùan phà-sŏm khŏrng noie láe nám dtaan
gruau (m)	เมล็ดธัญพืช	má-lét than-yá-phêut
farine (f)	แป้ง	bpâeng
conserves (f pl)	อาหารกระป๋อง	aa-hăan grà-bpŏrng
pétales (m pl) de maïs	คอร์นเฟลค	khorn-flâyk
miel (m)	น้ำผึ้ง	nám phêung
confiture (f)	แยม	yaem
gomme (f) à mâcher	หมากฝรั่ง	màak fà-ràng

53. Les boissons

eau (f)	น้ำ	nám
eau (f) potable	น้ำดื่ม	nám dèum
eau (f) minérale	น้ำแร่	nám râe
plate (adj)	ไม่มีฟอง	mâi mee forng
gazeuse (l'eau ~)	น้ำอัดลม	nám àt lom
pétillante (adj)	มีฟอง	mee forng
glace (f)	น้ำแข็ง	nám khăeng
avec de la glace	ใส่น้ำแข็ง	sài nám khăeng
sans alcool	ไม่มีแอลกอฮอล์	mâi mee aen-gor-hor
boisson (f) non alcoolisée	เครื่องดื่มที่ไม่มี แอลกอฮอล	krêuang dèum têe mâi mee aen-gor-hor
rafraîchissement (m)	เครื่องดื่มให้ ความสดชื่น	khrêuang dèum hâi khwaam sòt chêun
limonade (f)	น้ำเลมอนเนด	nám lay-morn-nâyt
boissons (f pl) alcoolisées	เหล้า	lâu
vin (m)	ไวน์	wai
vin (m) blanc	ไวน์ขาว	wai khăo
vin (m) rouge	ไวน์แดง	wai daeng
liqueur (f)	สุรา	sù-raa
champagne (m)	แชมเปญ	chaem-bpayn
vermouth (m)	เหล้าองุ่นขาวซึ่งมี กลิ่นหอม	lâo a-ngùn khăao sêung mee glìn hŏrm
whisky (m)	เหล้าวิสกี้	lâu wít-sa -gêe
vodka (f)	เหล้าวอดก้า	lâu wórt-gâa
gin (m)	เหล้ายิน	lâu yin
cognac (m)	เหล้าคอนยัก	lâu khorn yák
rhum (m)	เหล้ารัม	lâu ram
café (m)	กาแฟ	gaa-fae
café (m) noir	กาแฟดำ	gaa-fae dam
café (m) au lait	กาแฟใส่นม	gaa-fae sài nom
cappuccino (m)	กาแฟคาปูชิโน	gaa-fae khaa bpoo chí noh
café (m) soluble	กาแฟสำเร็จรูป	gaa-fae săm-rèt rôop

lait (m)	นม	nom
cocktail (m)	ค็อกเทล	khók-tayn
cocktail (m) au lait	มิลค์เชค	min-châyk
jus (m)	น้ำผลไม้	nám phŏn-lá-máai
jus (m) de tomate	น้ำมะเขือเทศ	nám má-khĕua thâyt
jus (m) d'orange	น้ำส้ม	nám sôm
jus (m) pressé	น้ำผลไม้คั้นสด	nám phŏn-lá-máai khán sòt
bière (f)	เบียร์	bia
bière (f) blonde	เบียร์ไลท์	bia lai
bière (f) brune	เบียร์ดารค	bia dàak
thé (m)	ชา	chaa
thé (m) noir	ชาดำ	chaa dam
thé (m) vert	ชาเขียว	chaa khĭeow

54. Les légumes

légumes (m pl)	ผัก	phàk
verdure (f)	ผักใบเขียว	phàk bai khĭeow
tomate (f)	มะเขือเทศ	má-khĕua thâyt
concombre (m)	แตงกวา	dtaeng-gwaa
carotte (f)	แครอท	khae-rót
pomme (f) de terre	มันฝรั่ง	man fà-ràng
oignon (m)	หัวหอม	hŭa hŏrm
ail (m)	กระเทียม	grà-thiam
chou (m)	กะหล่ำปลี	gà-làm bplee
chou-fleur (m)	ดอกกะหล่ำ	dòrk gà-làm
chou (m) de Bruxelles	กะหล่ำดาว	gà-làm-daao
brocoli (m)	บร็อคโคลี่	bròrk-khoh-lêe
betterave (f)	บีทรูท	bee-trôot
aubergine (f)	มะเขือยาว	má-khĕua-yaao
courgette (f)	แตงซูคินี	dtaeng soo-khí-nee
potiron (m)	ฟักทอง	fák-thorng
navet (m)	หัวผักกาด	hŭa-phàk-gàat
persil (m)	ผักชีฝรั่ง	phàk chee fà-ràng
fenouil (m)	ผักชีลาว	phàk-chee-laao
laitue (f) (salade)	ผักกาดหอม	phàk gàat hŏrm
céleri (m)	คื่นช่าย	khêun-châai
asperge (f)	หน่อไม้ฝรั่ง	nòr máai fà-ràng
épinard (m)	ผักขม	phàk khŏm
pois (m)	ถั่วลันเตา	thùa-lan-dtao
fèves (f pl)	ถั่ว	thùa
maïs (m)	ข้าวโพด	khâao-phôht
haricot (m)	ถั่วรูปไต	thùa rôop dtai
poivron (m)	พริกหยวก	phrík-yùak
radis (m)	หัวไชเท้า	hŭa chai tháo
artichaut (m)	อาร์ติโชค	aa dtì chôhk

55. Les fruits. Les noix

fruit (m)	ผลไม้	phŏn-lá-máai
pomme (f)	แอปเปิ้ล	àep-bpêrn
poire (f)	แพร	phae
citron (m)	มะนาว	má-naao
orange (f)	ส้ม	sôm
fraise (f)	สตรอว์เบอร์รี่	sà-dtror-ber-rêe
mandarine (f)	ส้มแมนดาริน	sôm maen daa rin
prune (f)	พลัม	phlam
pêche (f)	ลูกทอ	lôok thór
abricot (m)	แอปริคอท	ae-bprì-khôrt
framboise (f)	ราสเบอร์รี่	râat-ber-rêe
ananas (m)	สับปะรด	sàp-bpà-rót
banane (f)	กล้วย	glûay
pastèque (f)	แตงโม	dtaeng moh
raisin (m)	องุ่น	a-ngùn
cerise (f)	เชอร์รี่	cher-rêe
merise (f)	เชอร์รี่ป่า	cher-rêe bpàa
melon (m)	เมลอน	may-lorn
pamplemousse (m)	ส้มโอ	sôm oh
avocat (m)	อะโวคาโด	a-who-khaa-doh
papaye (f)	มะละกอ	má-lá-gor
mangue (f)	มะม่วง	má-mûang
grenade (f)	ทับทิม	tháp-thim
groseille (f) rouge	เรดเคอร์แรนท์	râyt-khêr-raen
cassis (m)	แบล็คเคอร์แรนท์	blàek khêr-raen
groseille (f) verte	กูสเบอร์รี่	gòot-ber-rêe
myrtille (f)	บิลเบอร์รี่	bil-ber-rêe
mûre (f)	แบล็คเบอร์รี่	blàek ber-rêe
raisin (m) sec	ลูกเกด	lôok gàyt
figue (f)	มะเดื่อฝรั่ง	má dèua fà-ràng
datte (f)	ลูกอินทผลัม	lôok in-thá-plăm
cacahuète (f)	ถั่วลิสง	thùa-lí-sŏng
amande (f)	อัลมอนด์	an-morn
noix (f)	วอลนัต	wor-lá-nát
noisette (f)	เฮเซลนัท	hay sayn nát
noix (f) de coco	มะพร้าว	má-phráao
pistaches (f pl)	ถั่วพิสตาชิโอ	thùa phít dtaa chí oh

56. Le pain. Les confiseries

confiserie (f)	ขนม	khà-nŏm
pain (m)	ขนมปัง	khà-nŏm bpang
biscuit (m)	คุกกี้	khúk-gêe
chocolat (m)	ช็อกโกแลต	chók-goh-láet
en chocolat (adj)	ช็อกโกแลต	chók-goh-láet

bonbon (m)	ลูกกวาด	lôok gwàat
gâteau (m), pâtisserie (f)	ขนมเค้ก	khà-nǒm kháyk
tarte (f)	ขนมเค้ก	khà-nǒm kháyk
gâteau (m)	ขนมพาย	khà-nǒm phaai
garniture (f)	ไส้ในขนม	sâi nai khà-nǒm
confiture (f)	แยม	yaem
marmelade (f)	แยมผิวส้ม	yaem phǐw sôm
gaufre (f)	วาฟเฟิล	waaf-fern
glace (f)	ไอศกรีม	ai-sà-greem
pudding (m)	พุดดิ้ง	phút-dîng

57. Les épices

sel (m)	เกลือ	gleua
salé (adj)	เค็ม	khem
saler (vt)	ใส่เกลือ	sài gleua
poivre (m) noir	พริกไทย	phrík thai
poivre (m) rouge	พริกแดง	phrík daeng
moutarde (f)	มัสตาร์ด	mát-dtàat
raifort (m)	ฮอสแรดิช	hórt rae dìt
condiment (m)	เครื่องปรุงรส	khrêuang bprung rót
épice (f)	เครื่องเทศ	khrêuang thâyt
sauce (f)	ซุอส	sós
vinaigre (m)	น้ำสมสายชู	nám sôm sǎai choo
anis (m)	เทียนสัตตบุษย์	thian-sàt-dtà-bùt
basilic (m)	ใบโหระพา	bai hǒh rá phaa
clou (m) de girofle	กานพลู	gaan-phloo
gingembre (m)	ขิง	khǐng
coriandre (m)	ผักชีลา	pàk-chee-laa
cannelle (f)	อบเชย	òp-choie
sésame (m)	งา	ngaa
feuille (f) de laurier	ใบกระวาน	bai grà-waan
paprika (m)	พริกป่น	phrík bpòn
cumin (m)	เทียนตากบ	thian dtaa gòp
safran (m)	หญ้าฝรั่น	yâa fà-ràn

LES DONNÉES PERSONNELLES. LA FAMILLE

58. Les données personnelles. Les formulaires

prénom (m)	ชื่อ	chêu
nom (m) de famille	นามสกุล	naam sà-gun
date (f) de naissance	วันเกิด	wan gèrt
lieu (m) de naissance	สถานที่เกิด	sà-thǎan thêe gèrt
nationalité (f)	สัญชาติ	sǎn-châat
domicile (m)	ที่อยู่อาศัย	thêe yòo aa-sǎi
pays (m)	ประเทศ	bprà-thâyt
profession (f)	อาชีพ	aa-chêep
sexe (m)	เพศ	phâyt
taille (f)	ความสูง	khwaam sǒong
poids (m)	น้ำหนัก	nám nàk

59. La famille. Les liens de parenté

mère (f)	มารดา	maan-daa
père (m)	บิดา	bì-daa
fils (m)	ลูกชาย	lôok chaai
fille (f)	ลูกสาว	lôok sǎao
fille (f) cadette	ลูกสาวคนเล็ก	lôok sǎao khon lék
fils (m) cadet	ลูกชายคนเล็ก	lôok chaai khon lék
fille (f) aînée	ลูกสาวคนโต	lôok sǎao khon dtoh
fils (m) aîné	ลูกชายคนโต	lôok chaai khon dtoh
frère (m) aîné	พี่ชาย	phêe chaai
frère (m) cadet	น้องชาย	nórng chaai
sœur (f) aînée	พี่สาว	phêe sǎao
sœur (f) cadette	น้องสาว	nórng sǎao
cousin (m)	ลูกพี่ลูกน้อง	lôok phêe lôok nórng
cousine (f)	ลูกพี่ลูกน้อง	lôok phêe lôok nórng
maman (f)	แม่	mâe
papa (m)	พ่อ	phôr
parents (m pl)	พ่อแม่	phôr mâe
enfant (m, f)	เด็ก, ลูก	dèk, lôok
enfants (pl)	เด็กๆ	dèk dèk
grand-mère (f)	ย่า, ยาย	yâa, yaai
grand-père (m)	ปู่, ตา	bpòo, dtaa
petit-fils (m)	หลานชาย	lǎan chaai
petite-fille (f)	หลานสาว	lǎan sǎao

petits-enfants (pl)	หลานๆ	lǎan
oncle (m)	ลุง	lung
tante (f)	ป้า	bpâa
neveu (m)	หลานชาย	lǎan chaai
nièce (f)	หลานสาว	lǎan sǎao
belle-mère (f)	แม่ยาย	mâe yaai
beau-père (m)	พ่อสามี	phôr sǎa-mee
gendre (m)	ลูกเขย	lôok khǒie
belle-mère (f)	แม่เลี้ยง	mâe líang
beau-père (m)	พ่อเลี้ยง	phôr líang
nourrisson (m)	ทารก	thaa-rók
bébé (m)	เด็กเล็ก	dèk lék
petit (m)	เด็ก	dèk
femme (f)	ภรรยา	phan-rá-yaa
mari (m)	สามี	sǎa-mee
époux (m)	สามี	sǎa-mee
épouse (f)	ภรรยา	phan-rá-yaa
marié (adj)	แต่งงานแล้ว	dtàeng ngaan láew
mariée (adj)	แตงงานแลว	dtàeng ngaan láew
célibataire (adj)	เป็นโสด	bpen sòht
célibataire (m)	ชายโสด	chaai sòht
divorcé (adj)	หย่าแล้ว	yàa láew
veuve (f)	แม่หม้าย	mâe mâai
veuf (m)	พ่อหม้าย	phôr mâai
parent (m)	ญาติ	yâat
parent (m) proche	ญาติใกล้ชิด	yâat glâi chít
parent (m) éloigné	ญาติหางๆ	yâat hàang hàang
parents (m pl)	ญาติๆ	yâat
orphelin (m)	เด็กชายกำพร้า	dèk chaai gam phráa
orpheline (f)	เด็กหญิงกำพรา	dèk yǐng gam phráa
tuteur (m)	ผู้ปกครอง	phôo bpòk khrorng
adopter (un garçon)	บุญธรรม	bun tham
adopter (une fille)	บุญธรรม	bun tham

60. Les amis. Les collègues

ami (m)	เพื่อน	phêuan
amie (f)	เพื่อน	phêuan
amitié (f)	มิตรภาพ	mít-dtrà-phâap
être ami	เป็นเพื่อน	bpen phêuan
copain (m)	เพื่อนสนิท	phêuan sà-nìt
copine (f)	เพื่อนสนิท	phêuan sà-nìt
partenaire (m)	หุนส่วน	hûn sùan
chef (m)	หัวหน้า	hǔa-nâa
supérieur (m)	ผู้บังคับบัญชา	phôo bang-kháp ban-chaa
propriétaire (m)	เจ้าของ	jâo khǒrng

subordonné (m)	ลูกน้อง	lôok nórng
collègue (m, f)	เพื่อนรวมงาน	phêuan rûam ngaan
connaissance (f)	ผู้คุ้นเคย	phôo khún khoie
compagnon (m) de route	เพื่อนรวมทาง	pêuan rûam thaang
copain (m) de classe	เพื่อนรุ่น	phêuan rûn
voisin (m)	เพื่อนบ้านผู้ชาย	phêuan bâan pôo chaai
voisine (f)	เพื่อนบ้านผู้หญิง	phêuan bâan phôo yǐng
voisins (m pl)	เพื่อนบ้าน	phêuan bâan

LE CORPS HUMAIN. LES MÉDICAMENTS

61. La tête

tête (f)	หัว	hŭa
visage (m)	หนา	nâa
nez (m)	จมูก	jà-mòok
bouche (f)	ปาก	bpàak
œil (m)	ตา	dtaa
les yeux	ตา	dtaa
pupille (f)	รูมานตา	roo mâan dtaa
sourcil (m)	คิ้ว	khíw
cil (m)	ขนตา	khŏn dtaa
paupière (f)	เปลือกตา	bplèuak dtaa
langue (f)	ลิ้น	lín
dent (f)	ฟัน	fan
lèvres (f pl)	ริมฝีปาก	rim fĕe bpàak
pommettes (f pl)	โหนกแก้ม	nòhk gâem
gencive (f)	เหงือก	ngèuak
palais (m)	เพดานปาก	phay-daan bpàak
narines (f pl)	รูจมูก	roo jà-mòok
menton (m)	คาง	khaang
mâchoire (f)	ขากรรไกร	khăa gan-grai
joue (f)	แก้ม	gâem
front (m)	หน้าผาก	nâa phàak
tempe (f)	ขมับ	khà-màp
oreille (f)	หู	hŏo
nuque (f)	หลังศีรษะ	lăng sĕe-sà
cou (m)	คอ	khor
gorge (f)	ลำคอ	lam khor
cheveux (m pl)	ผม	phŏm
coiffure (f)	ทรงผม	song phŏm
coupe (f)	ทรงผม	song phŏm
perruque (f)	ผมปลอม	phŏm bplorm
moustache (f)	หนวด	nùat
barbe (f)	เครา	krao
porter (~ la barbe)	ลองไว้	lorng wái
tresse (f)	ผมเปีย	phŏm bpia
favoris (m pl)	จอน	jorn
roux (adj)	ผมแดง	phŏm daeng
gris, grisonnant (adj)	ผมหงอก	phŏm ngòrk
chauve (adj)	หัวล้าน	hŭa láan
calvitie (f)	หัวลาน	hŭa láan

| queue (f) de cheval | ผมทรงหางม้า | phŏm song hăang máa |
| frange (f) | ผมม้า | phŏm máa |

62. Le corps humain

| main (f) | มือ | meu |
| bras (m) | แขน | khăen |

doigt (m)	นิ้ว	níw
orteil (m)	นิ้วเท้า	níw tháo
pouce (m)	นิ้วโป้ง	níw bpôhng
petit doigt (m)	นิ้วก้อย	níw gôi
ongle (m)	เล็บ	lép

poing (m)	กำปั้น	gam bpân
paume (f)	ฝ่ามือ	fàa meu
poignet (m)	ข้อมือ	khôr meu
avant-bras (m)	แขนช่วงล่าง	khăen chûang lâang
coude (m)	ข้อศอก	khôr sòrk
épaule (f)	ไหล่	lài

jambe (f)	ขา	khăa
pied (m)	เท้า	tháo
genou (m)	หัวเข่า	hŭa khào
mollet (m)	น่อง	nôrng
hanche (f)	สะโพก	sà-phôhk
talon (m)	ส้นเท้า	sôn tháo

corps (m)	ร่างกาย	râang gaai
ventre (m)	ท้อง	thórng
poitrine (f)	อก	òk
sein (m)	หน้าอก	nâa òk
côté (m)	ข้าง	khâang
dos (m)	หลัง	lăng
reins (région lombaire)	หลังส่วนล่าง	lăng sùan lâang
taille (f) (~ de guêpe)	เอว	eo

nombril (m)	สะดือ	sà-deu
fesses (f pl)	ก้น	gôn
derrière (m)	ก้น	gôn

grain (m) de beauté	ไฝเสน่ห์	făi sà-này
tache (f) de vin	ปาน	bpaan
tatouage (m)	รอยสัก	roi sàk
cicatrice (f)	แผลเป็น	phlăe bpen

63. Les maladies

maladie (f)	โรค	rôhk
être malade	ป่วย	bpùay
santé (f)	สุขภาพ	sùk-khà-phâap
rhume (m) (coryza)	น้ำมูกไหล	nám môok lăi

angine (f)	ต่อมทอนซิลอักเสบ	dtòm thorn-sin àk-sàyp
refroidissement (m)	หวัด	wàt
prendre froid	เป็นหวัด	bpen wàt
bronchite (f)	โรคหลอดลมอักเสบ	rôhk lòrt lom àk-sàyp
pneumonie (f)	โรคปอดบวม	rôhk bpòrt-buam
grippe (f)	ไข้หวัดใหญ่	khâi wàt yài
myope (adj)	สายตาสั้น	sǎai dtaa sân
presbyte (adj)	สายตายาว	sǎai dtaa yaao
strabisme (m)	ตาเหล่	dtaa lày
strabique (adj)	เป็นตาเหล่	bpen dtaa kǎy rěu lày
cataracte (f)	ต้อกระจก	dtôr grà-jòk
glaucome (m)	ต้อหิน	dtôr hǐn
insulte (f)	โรคหลอดเลือดสมอง	rôhk lòrt lêuat sà-mǒrng
crise (f) cardiaque	อาการหัวใจวาย	aa-gaan hǔa jai waai
infarctus (m) de myocarde	กล้ามเนื้อหัวใจตาย	glâam néua hǔa jai dtaai
	เหตุขาดเลือด	hàyt khàat lêuat
paralysie (f)	อัมพาต	am-má-phâat
paralyser (vt)	ทำให้เป็นอัมพาต	tham hâi bpen am-má-phâat
allergie (f)	ภูมิแพ้	phoom pháe
asthme (m)	โรคหืด	rôhk hèut
diabète (m)	โรคเบาหวาน	rôhk bao wǎan
mal (m) de dents	อาการปวดฟัน	aa-gaan bpùat fan
carie (f)	ฟันผุ	fan phù
diarrhée (f)	อาการท้องเสีย	aa-gaan thórng sǐa
constipation (f)	อาการทองผูก	aa-gaan thórng phòok
estomac (m) barbouillé	อาการปวดท้อง	aa-gaan bpùat thórng
intoxication (f) alimentaire	ภาวะอาหารเป็นพิษ	phaa-wá aa hǎan bpen pít
être intoxiqué	กินอาหารเป็นพิษ	gin aa hǎan bpen phít
arthrite (f)	โรคข้ออักเสบ	rôhk khôr àk-sàyp
rachitisme (m)	โรคกระดูกออน	rôhk grà-dòok òrn
rhumatisme (m)	โรครูมาติก	rôhk roo-maa-dtìk
athérosclérose (f)	ภาวะหลอดเลือดแข็ง	phaa-wá lòrt lêuat khǎeng
gastrite (f)	โรคกระเพาะอาหาร	rôhk grà-phór aa-hǎan
appendicite (f)	ไส้ติ่งอักเสบ	sâi dtìng àk-sàyp
cholécystite (f)	โรคถุงน้ำดีอักเสบ	rôhk thǔng nám dee àk-sàyp
ulcère (m)	แผลเปื่อย	phlǎe bpèuay
rougeole (f)	โรคหัด	rôhk hàt
rubéole (f)	โรคหัดเยอรมัน	rôhk hàt yer-rá-man
jaunisse (f)	โรคดีซาน	rôhk dee sâan
hépatite (f)	โรคตับอักเสบ	rôhk dtàp àk-sàyp
schizophrénie (f)	โรคจิตเภท	rôhk jìt-dtà-phâyt
rage (f) (hydrophobie)	โรคพิษสุนัขบ้า	rôhk phít sù-nák bâa
névrose (f)	โรคประสาท	rôhk bprà-sàat
commotion (f) cérébrale	สมองกระทบ	sà-mǒrng grà-thóp
	กระเทือน	grà-theuan
cancer (m)	มะเร็ง	má-reng

sclérose (f)	กูรแข็งตัวของ เนื้อเยื่อร่างกาย	gaan kǎeng dtua kǒng néua yêua râang gaai
sclérose (f) en plaques	โรคปลูกประสาท เสื่อมแข็ง	rôhk bplòk bprà-sàat sèuam kǎeng
alcoolisme (m)	โรคพิษสุราเรื้อรัง	rôhk phít sù-raa réua rang
alcoolique (m)	คนขี้เหล้า	khon khêe lâo
syphilis (f)	โรคซิฟิลิส	rôhk sí-fí-lít
SIDA (m)	โรคเอดส์	rôhk àyt
tumeur (f)	เนื้องอก	néua ngôk
maligne (adj)	ร้าย	ráai
bénigne (adj)	ไม่ร้าย	mâi ráai
fièvre (f)	ไข้	khâi
malaria (f)	ไข้มาลาเรีย	kâi maa-laa-ria
gangrène (f)	เนื้อตายเน่า	néua dtaai nâo
mal (m) de mer	ภาวะเมาคลื่น	phaa-wá mao khlêun
épilepsie (f)	โรคลมบ้าหมู	rôhk lom bâa-mǒo
épidémie (f)	โรคระบาด	rôhk rá-bàat
typhus (m)	โรครากสาดใหญ่	rôhk râak-sàat yài
tuberculose (f)	วัณโรค	wan-ná-rôhk
choléra (m)	อหิวาตกโรค	a-hì-wâat-gà-rôhk
peste (f)	กาฬโรค	gaan-lá-rôhk

64. Les symptômes. Le traitement. Partie 1

symptôme (m)	อาการ	aa-gaan
température (f)	อุณหภูมิ	un-hà-phoom
fièvre (f)	อุณหภูมิสูง	un-hà-phoom sǒong
pouls (m)	ชีพจร	chêep-phá-jon
vertige (m)	อาการเวียนหัว	aa-gaan wian hǔa
chaud (adj)	ร้อน	rórn
frisson (m)	หนาวสั่น	nǎao sàn
pâle (adj)	หน้าเซียว	nâa sieow
toux (f)	การไอ	gaan ai
tousser (vi)	ไอ	ai
éternuer (vi)	จาม	jaam
évanouissement (m)	การเป็นลม	gaan bpen lom
s'évanouir (vp)	เป็นลม	bpen lom
bleu (m)	ฟกช้ำ	fók chám
bosse (f)	บวม	buam
se heurter (vp)	ชน	chon
meurtrissure (f)	รอยฟกช้ำ	roi fók chám
se faire mal	ได้รอยช้ำ	dâai roi chám
boiter (vi)	กะโผลกกะเผลก	gà-phlòhk-gà-phlàyk
foulure (f)	ข้อหลุด	khôr lùt
se démettre (l'épaule, etc.)	ทำข้อหลุด	tham khôr lùt
fracture (f)	กระดูกหัก	grà-dòok hàk

avoir une fracture	หักกระดูก	hàk grà-dòok
coupure (f)	รอยบาด	roi bàat
se couper (~ le doigt)	ทำบาด	tham bàat
hémorragie (f)	การเลือดไหล	gaan lêuat lăi
brûlure (f)	แผลไฟไหม้	phlăe fai mâi
se brûler (vp)	ได้รับแผลไฟไหม้	dâai ráp phlăe fai mâi
se piquer (le doigt)	ตำ	dtam
se piquer (vp)	ตำตัวเอง	dtam dtua ayng
blesser (vt)	ทำให้บาดเจ็บ	tham hâi bàat jèp
blessure (f)	การบาดเจ็บ	gaan bàat jèp
plaie (f) (blessure)	แผล	phlăe
trauma (m)	แผลบาดเจ็บ	phlăe bàat jèp
délirer (vi)	คลุ้มคลั่ง	khlúm khlâng
bégayer (vi)	พูดตะกุกตะกัก	phôot dtà-gùk-dtà-gàk
insolation (f)	โรคลมแดด	rôhk lom dàet

65. Les symptômes. Le traitement. Partie 2

douleur (f)	ความเจ็บปวด	khwaam jèp bpùat
écharde (f)	เสี้ยน	sîan
sueur (f)	เหงื่อ	ngèua
suer (vi)	เหงื่อออก	ngèua òrk
vomissement (m)	การอาเจียน	gaan aa-jian
spasmes (m pl)	การชัก	gaan chák
enceinte (adj)	ตั้งครรภ์	dtăng khan
naître (vi)	เกิด	gèrt
accouchement (m)	การคลอด	gaan khlôrt
accoucher (vi)	คลอดบุตร	khlôrt bùt
avortement (m)	การแทงบุตร	gaan tháeng bùt
respiration (f)	การหายใจ	gaan hăai-jai
inhalation (f)	การหายใจเข้า	gaan hăai-jai khâo
expiration (f)	การหายใจออก	gaan hăai-jai òrk
expirer (vi)	หายใจออก	hăai-jai òrk
inspirer (vi)	หายใจเข้า	hăai-jai khâo
invalide (m)	คนพิการ	khon phí-gaan
handicapé (m)	พิการ	phí-gaan
drogué (m)	ผู้ติดยาเสพติด	phôo dtìt yaa-sàyp-dtìt
sourd (adj)	หูหนวก	hŏo nùak
muet (adj)	เป็นใบ	bpen bâi
sourd-muet (adj)	หูหนวกเป็นใบ	hŏo nùak bpen bâi
fou (adj)	บ้า	bâa
fou (m)	คนบ้า	khon bâa
folle (f)	คนบ้า	khon bâa
devenir fou	เสียสติ	sĭa sà-dtì
gène (m)	ยีน	yeun

immunité (f)	ภูมิคุ้มกัน	phoom khúm gan
héréditaire (adj)	เป็นกรรมพันธุ์	bpen gam-má-phan
congénital (adj)	แต่กำเนิด	dtàe gam-nèrt

virus (m)	เชื้อไวรัส	chéua wai-rát
microbe (m)	จุลินทรีย์	jù-lin-see
bactérie (f)	แบคทีเรีย	bàek-tee-ria
infection (f)	การติดเชื้อ	gaan dtìt chéua

66. Les symptômes. Le traitement. Partie 3

| hôpital (m) | โรงพยาบาล | rohng phá-yaa-baan |
| patient (m) | ผู้ป่วย | phôo bpùay |

diagnostic (m)	การวินิจฉัยโรค	gaan wí-nít-chǎi rôhk
cure (f) (faire une ~)	การรักษา	gaan rák-sǎa
traitement (m)	การรักษา ทางการแพทย์	gaan rák-sǎa thaang gaan phâet
se faire soigner	รับการรักษา	ráp gaan rák-sǎa
traiter (un patient)	รักษา	rák-sǎa

| soigner (un malade) | รักษา | rák-sǎa |
| soins (m pl) | การดูแลรักษา | gaan doo lae rák-sǎa |

opération (f)	การผ่าตัด	gaan phàa dtàt
panser (vt)	พันแผล	phan phlǎe
pansement (m)	การพันแผล	gaan phan phlǎe

| vaccination (f) | การฉีดวัคซีน | gaan chèet wák-seen |
| vacciner (vt) | ฉีดวัคซีน | chèet wák-seen |

| piqûre (f) | การฉีดยา | gaan chèet yaa |
| faire une piqûre | ฉีดยา | chèet yaa |

crise, attaque (f)	มีอาการเฉียบพลัน	mee aa-gaan chìap phlan
amputation (f)	การตัดอวัยวะออก	gaan dtàt a-wai-wá òrk
amputer (vt)	ตัด	dtàt
coma (m)	อาการโคม่า	aa-gaan khoh-mâa

| être dans le coma | อยู่ในอาการโคม่า | yòo nai aa-gaan khoh-mâa |
| réanimation (f) | หน่วยอภิบาล | nùay à-phí-baan |

| se rétablir (vp) | ฟื้นตัว | féun dtua |
| état (m) (de santé) | อาการ | aa-gaan |

| conscience (f) | สติสัมปชัญญะ | sà-dtì sǎm-bpà-chan-yá |
| mémoire (f) | ความทรงจำ | khwaam song jam |

arracher (une dent)	ถอน	thǒrn
plombage (m)	การอุด	gaan ùt
plomber (vt)	อุด	ùt

| hypnose (f) | การสะกดจิต | gaan sà-gòt jìt |
| hypnotiser (vt) | สะกดจิต | sà-gòt jìt |

67. Les médicaments. Les accessoires

médicament (m)	ยา	yaa
remède (m)	ยา	yaa
prescrire (vt)	จ่ายยา	jàai yaa
ordonnance (f)	ใบสั่งยา	bai sàng yaa
comprimé (m)	ยาเม็ด	yaa mét
onguent (m)	ยาทา	yaa thaa
ampoule (f)	หลอดยา	lòrt yaa
mixture (f)	ยาส่วนผสม	yaa sùan phà-sŏm
sirop (m)	น้ำเชื่อม	nám chêuam
pilule (f)	ยาเม็ด	yaa mét
poudre (f)	ยาผง	yaa phŏng
bande (f)	ผ้าพันแผล	phâa phan phlăe
coton (m) (ouate)	สำลี	săm-lee
iode (m)	ไอโอดีน	ai oh-deen
sparadrap (m)	พลาสเตอร์	phláat-dtêr
compte-gouttes (m)	ที่หยอดตา	thêe yòrt dtaa
thermomètre (m)	ปรอท	bpa -ròrt
seringue (f)	เข็มฉีดยา	khĕm chèet-yaa
fauteuil (m) roulant	รถเข็นคนพิการ	rót khĕn khon phí-gaan
béquilles (f pl)	ไม้ค้ำยัน	máai khám yan
anesthésique (m)	ยาแก้ปวด	yaa gâe bpùat
purgatif (m)	ยาระบาย	yaa rá-baai
alcool (m)	เอธานอล	ay-thaa-norn
herbe (f) médicinale	สมุนไพร ทางการแพทย์	sà-mŭn phrai thaang gaan phâet
d'herbes (adj)	สมุนไพร	sà-mŭn phrai

L'APPARTEMENT

68. L'appartement

appartement (m)	อพาร์ตเมนต์	a-phâat-mayn
chambre (f)	ห้อง	hôrng
chambre (f) à coucher	ห้องนอน	hôrng norn
salle (f) à manger	ห้องรับประทาน อาหาร	hôrng ráp bprà-thaan aa-hǎan
salon (m)	ห้องนั่งเล่น	hôrng nâng lên
bureau (m)	ห้องทำงาน	hôrng tham ngaan
antichambre (f)	ห้องเข้า	hôrng khâo
salle (f) de bains	ห้องน้ำ	hôrng náam
toilettes (f pl)	ห้องส้วม	hôrng sûam
plafond (m)	เพดาน	phay-daan
plancher (m)	พื้น	phéun
coin (m)	มุม	mum

69. Les meubles. L'intérieur

meubles (m pl)	เครื่องเรือน	khrêuang reuan
table (f)	โต๊ะ	dtó
chaise (f)	เก้าอี้	gâo-êe
lit (m)	เตียง	dtiang
canapé (m)	โซฟา	soh-faa
fauteuil (m)	เก้าอี้เท้าแขน	gâo-êe tháo khǎen
bibliothèque (f) (meuble)	ตู้หนังสือ	dtôo nǎng-sěu
rayon (m)	ชั้นวาง	chán waang
armoire (f)	ตู้เสื้อผ้า	dtôo sêua phâa
patère (f)	ที่แขวนเสื้อ	thêe khwǎen sêua
portemanteau (m)	ไม้แขวนเสื้อ	mái khwǎen sêua
commode (f)	ตู้ลิ้นชัก	dtôo lín chák
table (f) basse	โต๊ะกาแฟ	dtó gaa-fae
miroir (m)	กระจก	grà-jòk
tapis (m)	พรม	phrom
petit tapis (m)	พรมเช็ดเท้า	phrom chét tháo
cheminée (f)	เตาผิง	dtao phǐng
bougie (f)	เทียน	thian
chandelier (m)	เชิงเทียน	cherng thian
rideaux (m pl)	ผ้าแขวน	phâa khwǎen
papier (m) peint	วอลเปเปอร์	worn-bpay-bper

jalousie (f)	บานเกล็ดหน้าต่าง	baan glèt nâa dtàang
lampe (f) de table	โคมไฟตั้งโต๊ะ	khohm fai dtâng dtó
applique (f)	ไฟติดผนัง	fai dtìt phà-nǎng
lampadaire (m)	โคมไฟตั้งพื้น	khohm fai dtâng phéun
lustre (m)	โคมระยา	khohm rá-yáa
pied (m) (~ de la table)	ขา	khǎa
accoudoir (m)	ที่พักแขน	thêe phák khǎen
dossier (m)	พนักพิง	phá-nák phing
tiroir (m)	ลิ้นชัก	lín chák

70. La literie

linge (m) de lit	ชุดผ้าปูที่นอน	chút phâa bpoo thêe norn
oreiller (m)	หมอน	mǒrn
taie (f) d'oreiller	ปลอกหมอน	bplòk mǒrn
couverture (f)	ผ้าห่วย	phâa phǔay
drap (m)	ผ้าปู	phâa bpoo
couvre-lit (m)	ผาคลุมเตียง	phâa khlum dtiang

71. La cuisine

cuisine (f)	ห้องครัว	hôrng khrua
gaz (m)	แกส	gáet
cuisinière (f) à gaz	เตาแก๊ส	dtao gàet
cuisinière (f) électrique	เตาไฟฟ้า	dtao fai-fáa
four (m)	เตาอบ	dtao òp
four (m) micro-ondes	เตาอบไมโครเวฟ	dtao òp mai-khroh-we p
réfrigérateur (m)	ตู้เย็น	dtôo yen
congélateur (m)	ตูแชแข็ง	dtôo châe khǎeng
lave-vaisselle (m)	เครื่องลางจาน	khrêuang láang jaan
hachoir (m) à viande	เครื่องบดเนื้อ	khrêuang bòt néua
centrifugeuse (f)	เครื่องคั้น	khrêuang khán
	น้ำผลไม	náam phǒn-lá-mái
grille-pain (m)	เครื่องปิ้ง	khrêuang bpîng
	ขนมปัง	khà-nǒm bpang
batteur (m)	เครื่องปั่น	khrêuang bpàn
machine (f) à café	เครื่องชงกาแฟ	khrêuang chong gaa-fae
cafetière (f)	หมอกาแฟ	môr gaa-fae
moulin (m) à café	เครื่องบดกาแฟ	khrêuang bòt gaa-fae
bouilloire (f)	กาน้ำ	gaa náam
théière (f)	กาน้ำชา	gaa náam chaa
couvercle (m)	ฝา	fǎa
passoire (f) à thé	ที่กรองชา	thêe grorng chaa
cuillère (f)	ช้อน	chórn
petite cuillère (f)	ช้อนชา	chórn chaa
cuillère (f) à soupe	ชอนซุป	chórn súp

| fourchette (f) | ส้อม | sôrm |
| couteau (m) | มีด | mêet |

vaisselle (f)	ถ้วยชาม	thûay chaam
assiette (f)	จาน	jaan
soucoupe (f)	จานรอง	jaan rorng

verre (m) à shot	แก้วช็อต	gâew chórt
verre (m) (~ d'eau)	แก้ว	gâew
tasse (f)	ถ้วย	thûay

sucrier (m)	โถน้ำตาล	thŏh náam dtaan
salière (f)	กระปุกเกลือ	grà-bpùk gleua
poivrière (f)	กระปุกพริกไทย	grà-bpùk phrík thai
beurrier (m)	ที่ใส่เนย	thêe sài noie

casserole (f)	หม้อต้ม	môr dtôm
poêle (f)	กระทะ	grà-thá
louche (f)	กระบวย	grà-buay
passoire (f)	กระชอน	grà chorn
plateau (m)	ถาด	thàat

bouteille (f)	ขวด	khùat
bocal (m) (à conserves)	ขวดโหล	khùat lŏh
boîte (f) en fer-blanc	กระป๋อง	grà-bpŏrng

ouvre-bouteille (m)	ที่เปิดขวด	thêe bpèrt khùat
ouvre-boîte (m)	ที่เปิดกระป๋อง	thêe bpèrt grà-bpŏrng
tire-bouchon (m)	ที่เปิดจุก	thêe bpèrt jùk
filtre (m)	ที่กรอง	thêe grorng
filtrer (vt)	กรอง	grorng

| ordures (f pl) | ขยะ | khà-yà |
| poubelle (f) | ถังขยะ | thăng khà-yà |

72. La salle de bains

salle (f) de bains	ห้องน้ำ	hôrng náam
eau (f)	น้ำ	nám
robinet (m)	ก๊อกน้ำ	gòk náam
eau (f) chaude	น้ำรอน	nám rórn
eau (f) froide	น้ำเย็น	nám yen

dentifrice (m)	ยาสีฟัน	yaa sĕe fan
se brosser les dents	แปรงฟัน	bpraeng fan
brosse (f) à dents	แปรงสีฟัน	bpraeng sĕe fan

se raser (vp)	โกน	gohn
mousse (f) à raser	โฟมโกนหนวด	fohm gohn nùat
rasoir (m)	มีดโกน	mêet gohn

laver (vt)	ล้าง	láang
se laver (vp)	อาบ	àap
douche (f)	ฝักบัว	fàk bua

prendre une douche	อาบน้ำฝักบัว	àap náam fàk bua
baignoire (f)	อ่างอาบน้ำ	àang àap náam
cuvette (f)	โถชักโครก	thŏh chák khrôhk
lavabo (m)	อ่างล้างหน้า	àang láang-nâa

| savon (m) | สบู่ | sà-bòo |
| porte-savon (m) | ที่ใส่สบู่ | thêe sài sà-bòo |

éponge (f)	ฟองน้ำ	forng náam
shampooing (m)	แชมพู	chaem-phoo
serviette (f)	ผ้าเช็ดตัว	phâa chét dtua
peignoir (m) de bain	เสื้อคลุมอาบน้ำ	sêua khlum àap náam

lessive (f) (faire la ~)	การซักผ้า	gaan sák phâa
machine (f) à laver	เครื่องซักผ้า	khrêuang sák phâa
faire la lessive	ซักผ้า	sák phâa
lessive (f) (poudre)	ผงซักฟอก	phŏng sák-fôrk

73. Les appareils électroménagers

téléviseur (m)	ทีวี	thee-wee
magnétophone (m)	เครื่องบันทึกเทป	khrêuang ban-théuk thâyp
magnétoscope (m)	เครื่องบันทึก วิดีโอ	khrêuang ban-théuk wí-dee-oh
radio (f)	วิทยุ	wít-thá-yú
lecteur (m)	เครื่องเล่น	khrêuang lên

vidéoprojecteur (m)	โปรเจ็คเตอร์	bproh-jèk-dtêr
home cinéma (m)	เครื่องฉายภาพ ยนตร์ที่บ้าน	khhrêuang chăai phâap-phá yon thêe bâan
lecteur DVD (m)	เครื่องเล่น DVD	khrêuang lên dee-wee-dee
amplificateur (m)	เครื่องขยายเสียง	khrêuang khà-yăai sĭang
console (f) de jeux	เครื่องเกมคอนโซล	khrêuang gaym khorn sohn

caméscope (m)	กล้องถ่ายวิดีโอ	glôrng thàai wí-dee-oh
appareil (m) photo	กล้องถ่ายรูป	glôrng thàai rôop
appareil (m) photo numérique	กล้องดิจิตอล	glôrng dì-jì-dton

aspirateur (m)	เครื่องดูดฝุ่น	khrêuang dòot fùn
fer (m) à repasser	เตารีด	dtao rêet
planche (f) à repasser	กระดานรองรีด	grà-daan rorng rêet

téléphone (m)	โทรศัพท์	thoh-rá-sàp
portable (m)	มือถือ	meu thĕu
machine (f) à écrire	เครื่องพิมพ์ดีด	khrêuang phim dèet
machine (f) à coudre	จักรเย็บผ้า	jàk yép phâa

micro (m)	ไมโครโฟน	mai-khroh-fohn
écouteurs (m pl)	หูฟัง	hŏo fang
télécommande (f)	รีโมตทีวี	ree môht thee wee

CD (m)	CD	see-dee
cassette (f)	เทป	thâyp
disque (m) (vinyle)	จานเสียง	jaan sĭang

LA TERRE. LE TEMPS

74. L'espace cosmique

cosmos (m)	อวกาศ	a-wá-gàat
cosmique (adj)	ทางอวกาศ	thang a-wá-gàat
espace (m) cosmique	อวกาศ	a-wá-gàat
monde (m)	โลก	lôhk
univers (m)	จักรวาล	jàk-grà-waan
galaxie (f)	ดาราจักร	daa-raa jàk
étoile (f)	ดาว	daao
constellation (f)	กลุ่มดาว	glùm daao
planète (f)	ดาวเคราะห์	daao khrór
satellite (m)	ดาวเทียม	daao thiam
météorite (m)	ดาวตก	daao dtòk
comète (f)	ดาวหาง	daao hǎang
astéroïde (m)	ดาวเคราะห์น้อย	daao khrór nói
orbite (f)	วงโคจร	wong khoh-jon
tourner (vi)	เวียน	wian
atmosphère (f)	บรรยากาศ	ban-yaa-gàat
Soleil (m)	ดวงอาทิตย์	duang aa-thít
système (m) solaire	ระบบสุริยะ	rá-bòp sù-rí-yá
éclipse (f) de soleil	สุริยุปราคา	sù-rí-yú-bpà-raa-kaa
Terre (f)	โลก	lôhk
Lune (f)	ดวงจันทร์	duang jan
Mars (m)	ดาวอังคาร	daao ang-khaan
Vénus (f)	ดาวศุกร์	daao sùk
Jupiter (m)	ดาวพฤหัส	daao phá-réu-hàt
Saturne (m)	ดาวเสาร์	daao sǎo
Mercure (m)	ดาวพุธ	daao phút
Uranus (m)	ดาวยูเรนัส	daao-yoo-ray-nát
Neptune	ดาวเนปจูน	daao-nâyp-joon
Pluton (m)	ดาวพลูโต	daao phloo-dtoh
la Voie Lactée	ทางช้างเผือก	thaang cháang phèuak
la Grande Ours	กลุ่มดาวหมีใหญ่	glùm daao měe yài
la Polaire	ดาวเหนือ	daao něua
martien (m)	ชาวดาวอังคาร	chaao daao ang-khaan
extraterrestre (m)	มนุษย์ต่างดาว	má-nút dtàang daao
alien (m)	มนุษย์ต่างดาว	má-nút dtàang daao
soucoupe (f) volante	จานบิน	jaan bin

vaisseau (m) spatial	ยานอวกาศ	yaan a-wá-gàat
station (f) orbitale	สถานีอวกาศ	sà-thǎa-nee a-wá-gàat
lancement (m)	การปล่อยจรวด	gaan bplòi jà-rùat
moteur (m)	เครื่องยนต์	khrêuang yon
tuyère (f)	ท่อไอพ่น	thôr ai phôn
carburant (m)	เชื้อเพลิง	chéua phlerng
cabine (f)	ที่นั่งคนขับ	thêe nâng khon khàp
antenne (f)	เสาอากาศ	sǎo aa-gàat
hublot (m)	ช่อง	chôrng
batterie (f) solaire	อุปกรณ์พลังงาน แสงอาทิตย์	ù-bpà-gon phá-lang ngaan sǎeng aa-thít
scaphandre (m)	ชุดอวกาศ	chút a-wá-gàat
apesanteur (f)	สภาพไร้น้ำหนัก	sà-phâap rái nám nàk
oxygène (m)	อ็อกซิเจน	ók sí jayn
arrimage (m)	การเทียบท่า	gaan thîap thâa
s'arrimer à ...	เทียบทา	thîap thâa
observatoire (m)	หอดูดาว	hǒr doo daao
télescope (m)	กล้องโทรทรรศน์	glôrng thoh-rá-thát
observer (vt)	เฝ้าสังเกต	fâo sǎng-gàyt
explorer (un cosmos)	สำรวจ	sǎm-rùat

75. La Terre

Terre (f)	โลก	lôhk
globe (m) terrestre	ลูกโลก	lôok lôhk
planète (f)	ดาวเคราะห์	daao khrór
atmosphère (f)	บรรยากาศ	ban-yaa-gàat
géographie (f)	ภูมิศาสตร์	phoo-mí-sàat
nature (f)	ธรรมชาติ	tham-má-châat
globe (m) de table	ลูกโลก	lôok lôhk
carte (f)	แผนที่	phǎen thêe
atlas (m)	หนังสือแผนที่โลก	nǎng-sěu phǎen thêe lôhk
Europe (f)	ยุโรป	yú-ròhp
Asie (f)	เอเชีย	ay-chia
Afrique (f)	แอฟริกา	àef-rí-gaa
Australie (f)	ออสเตรเลีย	òrt-dtray-lia
Amérique (f)	อเมริกา	a-may-rí-gaa
Amérique (f) du Nord	อเมริกาเหนือ	a-may-rí-gaa něua
Amérique (f) du Sud	อเมริกาใต้	a-may-rí-gaa dtâi
l'Antarctique (m)	แอนตาร์กติกา	aen-dtàak-dtì-gaa
l'Arctique (m)	อาร์กติค	àak-dtìk

76. Les quatre parties du monde

nord (m)	เหนือ	nĕua
vers le nord	ทิศเหนือ	thít nĕua
au nord	ที่ภาคเหนือ	thêe phâak nĕua
du nord (adj)	ทางเหนือ	thaang nĕua
sud (m)	ใต้	dtâi
vers le sud	ทิศใต้	thít dtâi
au sud	ที่ภาคใต้	thêe phâak dtâi
du sud (adj)	ทางใต้	thaang dtâi
ouest (m)	ตะวันตก	dtà-wan dtòk
vers l'occident	ทิศตะวันตก	thít dtà-wan dtòk
à l'occident	ที่ภาคตะวันตก	thêe phâak dtà-wan dtòk
occidental (adj)	ทางตะวันตก	thaang dtà-wan dtòk
est (m)	ตะวันออก	dtà-wan òrk
vers l'orient	ทิศตะวันออก	thít dtà-wan òrk
à l'orient	ที่ภาคตะวันออก	thêe phâak dtà-wan òrk
oriental (adj)	ทางตะวันออก	thaang dtà-wan òrk

77. Les océans et les mers

mer (f)	ทะเล	thá-lay
océan (m)	มหาสมุทร	má-hăa sà-mùt
golfe (m)	อ่าว	àao
détroit (m)	ช่องแคบ	chôrng khâep
terre (f) ferme	พื้นดิน	phéun din
continent (m)	ทวีป	thá-wêep
île (f)	เกาะ	gòr
presqu'île (f)	คาบสมุทร	khâap sà-mùt
archipel (m)	หมู่เกาะ	mòo gòr
baie (f)	อ่าว	àao
port (m)	ท่าเรือ	thâa reua
lagune (f)	ลากูน	laa-goon
cap (m)	แหลม	lăem
atoll (m)	อะทอลล์	à-thorn
récif (m)	แนวปะการัง	naew bpà-gaa-rang
corail (m)	ปะการัง	bpà gaa-rang
récif (m) de corail	แนวปะการัง	naew bpà-gaa-rang
profond (adj)	ลึก	léuk
profondeur (f)	ความลึก	khwaam léuk
abîme (m)	หุบเหวลึก	hùp wăy léuk
fosse (f) océanique	ร่องลึกก้นสมุทร	rông léuk gôn sà-mùt
courant (m)	กระแสน้ำ	grà-săe náam
baigner (vt) (mer)	ล้อมรอบ	lórm rôrp

littoral (m)	ชายฝั่ง	chaai fàng
côte (f)	ชายฝั่ง	chaai fàng
marée (f) haute	น้ำขึ้น	náam khêun
marée (f) basse	น้ำลง	náam long
banc (m) de sable	หาดตื้น	hàat dtêun
fond (m)	กนทะเล	gôn thá-lay
vague (f)	คลื่น	khlêun
crête (f) de la vague	มวนคลื่น	múan khlêun
mousse (f)	ฟองคลื่น	forng khlêun
tempête (f) en mer	พายุ	phaa-yú
ouragan (m)	พายุเฮอร์ริเคน	phaa-yú her-rí-khayn
tsunami (m)	คลื่นยักษ์	khlêun yák
calme (m)	ภาวะไรลมพัด	phaa-wá rái lom phát
calme (tranquille)	สงบ	sà-ngòp
pôle (m)	ขั้วโลก	khûa lôhk
polaire (adj)	ขั้วโลก	khûa lôhk
latitude (f)	เส้นรุ้ง	sên rúng
longitude (f)	เส้นแวง	sên waeng
parallèle (f)	เส้นขนาน	sên khà-nǎan
équateur (m)	เส้นศูนย์สูตร	sên sǒon sòot
ciel (m)	ท้องฟ้า	thórng fáa
horizon (m)	ขอบฟ้า	khòrp fáa
air (m)	อากาศ	aa-gàat
phare (m)	ประภาคาร	bprà-phaa-khaan
plonger (vi)	ดำ	dam
sombrer (vi)	จม	jom
trésor (m)	สมบัติ	sǒm-bàt

78. Les noms des mers et des océans

océan (m) Atlantique	มหาสมุทรแอตแลนติก	má-hǎa sà-mùt àet-laen-dtìk
océan (m) Indien	มหาสมุทรอินเดีย	má-hǎa sà-mùt in-dia
océan (m) Pacifique	มหาสมุทรแปซิฟิก	má-hǎa sà-mùt bpae-sí-fík
océan (m) Glacial	มหาสมุทรอาร์คติก	má-hǎa sà-mùt aa-ká-dtìk
mer (f) Noire	ทะเลดำ	thá-lay dam
mer (f) Rouge	ทะเลแดง	thá-lay daeng
mer (f) Jaune	ทะเลเหลือง	thá-lay lěuang
mer (f) Blanche	ทะเลขาว	thá-lay khǎao
mer (f) Caspienne	ทะเลแคสเปียน	thá-lay khâet-bpian
mer (f) Morte	ทะเลเดดซี	thá-lay dàyt-see
mer (f) Méditerranée	ทะเลเมดิเตอร์เรเนียน	thá-lay may-dì-dtêr-ray-nian
mer (f) Égée	ทะเลเอเจี้ยน	thá-lay ay-jîan
mer (f) Adriatique	ทะเลเอเดรียติก	thá-lay ay-day-ree-yá-dtìk
mer (f) Arabique	ทะเลอาหรับ	thá-lay aa-ràp

mer (f) du Japon	ทะเลญี่ปุ่น	thá-lay yêe-bpùn
mer (f) de Béring	ทะเลเบริง	thá-lay bae-rîng
mer (f) de Chine Méridionale	ทะเลจีนใต้	thá-lay jeen-dtâi
mer (f) de Corail	ทะเลคอรัล	thá-lay khor-ran
mer (f) de Tasman	ทะเลแทสมัน	thá-lay thâet man
mer (f) Caraïbe	ทะเลแคริบเปียน	thá-lay khae-ríp-bian
mer (f) de Barents	ทะเลบาเรนท์	thá-lay baa-rayn
mer (f) de Kara	ทะเลคารา	thá-lay khaa-raa
mer (f) du Nord	ทะเลเหนือ	thá-lay nĕua
mer (f) Baltique	ทะเลบอลติก	thá-lay bon-dtìk
mer (f) de Norvège	ทะเลนอรเวย์	thá-lay nor-rá-way

79. Les montagnes

montagne (f)	ภูเขา	phoo khǎo
chaîne (f) de montagnes	ทิวเขา	thiw khǎo
crête (f)	สันเขา	sǎn khǎo
sommet (m)	ยอดเขา	yôrt khǎo
pic (m)	ยอด	yôrt
pied (m)	ตีนเขา	dteun khǎo
pente (f)	ไหลเขา	lài khǎo
volcan (m)	ภูเขาไฟ	phoo khǎo fai
volcan (m) actif	ภูเขาไฟมีพลัง	phoo khǎo fai mee phá-lang
volcan (m) éteint	ภูเขาไฟที่ดับแล้ว	phoo khǎo fai thêe dàp láew
éruption (f)	ภูเขาไฟระเบิด	phoo khǎo fai rá-bèrt
cratère (m)	ปล่องภูเขาไฟ	bplòng phoo khǎo fai
magma (m)	หินหนืด	hǐn nèut
lave (f)	ลาวา	laa-waa
en fusion (lave ~)	หลอมเหลว	lǒrm lěo
canyon (m)	หุบเขาลึก	hùp khǎo léuk
défilé (m) (gorge)	ช่องเขา	chôrng khǎo
crevasse (f)	รอยแตกภูเขา	roi dtàek phoo khǎo
précipice (m)	หุบเหวลึก	hùp wǎy léuk
col (m) de montagne	ทางผ่าน	thaang phàan
plateau (m)	ที่ราบสูง	thêe râap sǒong
rocher (m)	หน้าผา	nâa phǎa
colline (f)	เนินเขา	nern khǎo
glacier (m)	ธารน้ำแข็ง	thaan náam khǎeng
chute (f) d'eau	น้ำตก	nám dtòk
geyser (m)	น้ำพุร้อน	nám phú rórn
lac (m)	ทะเลสาบ	thá-lay sàap
plaine (f)	ที่ราบ	thêe râap
paysage (m)	ภูมิทัศน์	phoom thát
écho (m)	เสียงสะท้อน	sǐang sà-thón

alpiniste (m)	นักปีนเขา	nák bpeen khǎo
varappeur (m)	นักไต่เขา	nák dtài khǎo
conquérir (vt)	ไต่เขาถึงยอด	dtài khǎo thěung yôt
ascension (f)	การปีนเขา	gaan bpeen khǎo

80. Les noms des chaînes de montagne

Alpes (f pl)	เทือกเขาแอลป์	thêuak-khǎo-aen
Mont Blanc (m)	ยอดเขามงบล็อง	yôt khǎo mong-bà-lŏng
Pyrénées (f pl)	เทือกเขาไพรีนีส	thêuak khǎo pai-ree-nêet
Carpates (f pl)	เทือกเขาคาร์เพเทียน	thêuak khǎo khaa-phay-thian
Monts Oural (m pl)	เทือกเขายูรัล	thêuak khǎo yoo-ran
Caucase (m)	เทือกเขาคอเคซัส	thêuak khǎo khor-khay-sát
Elbrous (m)	ยอดเขาเอลบรุส	yôt khǎo ayn-brùt
Altaï (m)	เทือกเขาอัลไต	thêuak khǎo an-dtai
Tian Chan (m)	เทือกเขาเทียนชาน	thêuak khǎo thian-chaan
Pamir (m)	เทือกเขาพาเมียร์	thêuak khǎo paa-mia
Himalaya (m)	เทือกเขาหิมาลัย	thêuak khǎo hì-maa-lai
Everest (m)	ยอดเขาเอเวอเรสต์	yôt khǎo ay-wer-râyt
Andes (f pl)	เทือกเขาแอนดีส	thêuak-khǎo-aen-dèet
Kilimandjaro (m)	ยอดเขาคิลิมันจาโร	yôt khǎo khí-lí-man-jaa-roh

81. Les fleuves

rivière (f), fleuve (m)	แม่น้ำ	mâe náam
source (f)	แหล่งน้ำแร่	làeng náam râe
lit (m) (d'une rivière)	เส้นทางแมน้ำ	sên thaang mâe náam
bassin (m)	ลุมน้ำ	lûm náam
se jeter dans …	ไหลไปสู่…	lǎi bpai sòo...
affluent (m)	สาขา	sǎa-khǎa
rive (f)	ฝั่งแม่น้ำ	fàng mâe náam
courant (m)	กระแสน้ำ	grà-sǎe náam
en aval	ตามกระแสน้ำ	dtaam grà-sǎe náam
en amont	ทวนน้ำ	thuan náam
inondation (f)	น้ำท่วม	nám thûam
les grandes crues	น้ำท่วม	nám thûam
déborder (vt)	เออลน	èr lón
inonder (vt)	ทวม	thûam
bas-fond (m)	บริเวณน้ำตื้น	bor-rí-wayn nám dtêun
rapide (m)	กระแสน้ำเชี่ยว	grà-sǎe nám-chîeow
barrage (m)	เขื่อน	khèuan
canal (m)	คลอง	khlorng
lac (m) de barrage	ที่เก็บกักน้ำ	thêe gèp gàk náam
écluse (f)	ประตูระบายน้ำ	bprà-dtoo rá-baai náam

plan (m) d'eau	พื้นน้ำ	phéun náam
marais (m)	บึง	beung
fondrière (f)	ห้วย	hûay
tourbillon (m)	น้ำวน	nám won

ruisseau (m)	ลำธาร	lam thaan
potable (adj)	น้ำดื่มได้	nám dèum dâai
douce (l'eau ~)	น้ำจืด	nám jèut

| glace (f) | น้ำแข็ง | nám khǎeng |
| être gelé | แชแข็ง | châe khǎeng |

82. Les noms des fleuves

| Seine (f) | แม่น้ำเซน | mâe náam sayn |
| Loire (f) | แมน้ำลัวร์ | mâe-náam lua |

Tamise (f)	แม่น้ำเทมุส์	mâe-náam them
Rhin (m)	แมุน้ำไรน์	mâe-náam rai
Danube (m)	แมน้ำดานูบ	mâe-náam daa-nôop

Volga (f)	แม่น้ำวอลกา	mâe-náam won-gaa
Don (m)	แมน้ำดอน	mâe-náam don
Lena (f)	แมน้ำลีนา	mâe-náam lee-naa

Huang He (m)	แม่น้ำหวง	mâe-náam hǔang
Yangzi Jiang (m)	แมน้ำแยงซี	mâe-náam yaeng-see
Mékong (m)	แมุน้ำโขง	mâe-náam khǒhng
Gange (m)	แมน้ำคงคา	mâe-náam khong-khaa

Nil (m)	แม่น้ำไนล์	mâe-náam nai
Congo (m)	แมน้ำคองโก	mâe-náam khong-goh
Okavango (m)	แมน้ำ โอคาวังโก	mâe-náam oh-khaa wang goh
Zambèze (m)	แม่น้ำแซมบีซี	mâe-náam saem bee see
Limpopo (m)	แมน้ำลิมโปโป	mâe-náam lim-bpoh-bpoh
Mississippi (m)	แมน้ำมิสซิสซิปปี	mâe-náam mít-sít-síp-bpee

83. La forêt

| forêt (f) | ป่าไม้ | bpàa máai |
| forestier (adj) | ป่า | bpàa |

fourré (m)	ป่าทึบ	bpàa théup
bosquet (m)	ป่าละเมาะ	bpàa lá-mór
clairière (f)	ทุงโล่ง	thûng lôhng

| broussailles (f pl) | ป่าละเมาะ | bpàa lá-mór |
| taillis (m) | ป่าละเมาะ | bpàa lá-mór |

| sentier (m) | ทางเดิน | thaang dern |
| ravin (m) | รองธาร | rông thaan |

arbre (m)	ต้นไม้	dtôn máai
feuille (f)	ใบไม้	bai máai
feuillage (m)	ใบไม้	bai máai
chute (f) de feuilles	ใบไม้ร่วง	bai máai rûang
tomber (feuilles)	ร่วง	rûang
sommet (m)	ยอด	yôrt
rameau (m)	กิ่ง	gìng
branche (f)	กานไม้	gâan mái
bourgeon (m)	ยอดอ่อน	yôrt òrn
aiguille (f)	เข็ม	khĕm
pomme (f) de pin	ลูกสน	lôok sŏn
creux (m)	โพรงไม้	phrohng máai
nid (m)	รัง	rang
terrier (m) (~ d'un renard)	โพรง	phrohng
tronc (m)	ลำต้น	lam dtôn
racine (f)	ราก	râak
écorce (f)	เปลือกไม้	bplèuak máai
mousse (f)	มอส	môt
déraciner (vt)	ถอนราก	thŏrn râak
abattre (un arbre)	โค่น	khôhn
déboiser (vt)	ตัดไม้ทำลายป่า	dtàt mái tham laai bpàa
souche (f)	ตอไม้	dtor máai
feu (m) de bois	กองไฟ	gorng fai
incendie (m)	ไฟป่า	fai bpàa
éteindre (feu)	ดับไฟ	dàp fai
garde (m) forestier	เจ้าหน้าที่ดูแลป่า	jâo nâa-thêe doo lae bpàa
protection (f)	การปกป้อง	gaan bpòk bpôrng
protéger (vt)	ปกป้อง	bpòk bpôrng
braconnier (m)	นักลอบล่าสัตว์	nák lôrp lâa sàt
piège (m) à mâchoires	กับดักเหล็ก	gàp dàk lèk
cueillir (vt)	เก็บ	gèp
s'égarer (vp)	หลงทาง	lŏng thaang

84. Les ressources naturelles

ressources (f pl) naturelles	ทรัพยากร ธรรมชาติ	sáp-pá-yaa-gon tham-má-châat
minéraux (m pl)	แร่	râe
gisement (m)	ตะกอน	dtà-gorn
champ (m) (~ pétrolifère)	บ่อ	bòr
extraire (vt)	ขุดแร่	khùt râe
extraction (f)	การขุดแร่	gaan khùt râe
minerai (m)	แร่	râe
mine (f) (site)	เหมืองแร่	mĕuang râe
puits (m) de mine	ช่องเหมือง	chôrng mĕuang

mineur (m)	คนงานเหมือง	khon ngaan mĕuang
gaz (m)	แกส	gáet
gazoduc (m)	ท่อแก๊ส	thôr gáet
pétrole (m)	น้ำมัน	nám man
pipeline (m)	ท่อน้ำมัน	thôr náam man
tour (f) de forage	บ่อน้ำมัน	bòr náam man
derrick (m)	ปั้นจั่นขนาดใหญ่	bpân jàn khà-nàat yài
pétrolier (m)	เรือบรรทุกน้ำมัน	reua ban-thúk nám man
sable (m)	ทราย	saai
calcaire (m)	หินปูน	hĭn bpoon
gravier (m)	กรวด	grùat
tourbe (f)	พีต	phêet
argile (f)	ดินเหนียว	din nĭeow
charbon (m)	ถ่านหิน	thàan hĭn
fer (m)	เหล็ก	lèk
or (m)	ทอง	thorng
argent (m)	เงิน	ngern
nickel (m)	นิเกิล	ní-gêrn
cuivre (m)	ทองแดง	thorng daeng
zinc (m)	สังกะสี	săng-gà-sĕe
manganèse (m)	แมงกานีส	maeng-gaa-nêet
mercure (m)	ปรอท	bpa -ròrt
plomb (m)	ตะกั่ว	dtà-gùa
minéral (m)	แร่	râe
cristal (m)	ผลึก	phà-lèuk
marbre (m)	หินอ่อน	hĭn òrn
uranium (m)	ยูเรเนียม	yoo-ray-niam

85. Le temps

temps (m)	สภาพอากาศ	sà-phâap aa-gàat
météo (f)	พยากรณ์	phá-yaa-gon
	สภาพอากาศ	sà-phâap aa-gàat
température (f)	อุณหภูมิ	un-hà-phoom
thermomètre (m)	ปรอทวัดอุณหภูมิ	bpà-ròrt wát un-hà-phoom
baromètre (m)	เครื่องวัดความดัน	khrêuang wát khwaam dan
	บรรยากาศ	ban-yaa-gàat
humide (adj)	ชื้น	chéun
humidité (f)	ความชื้น	khwaam chéun
chaleur (f) (canicule)	ความร้อน	khwaam rórn
torride (adj)	ร้อน	rórn
il fait très chaud	มันร้อน	man rórn
il fait chaud	มันอุ่น	man ùn
chaud (modérément)	อุ่น	ùn
il fait froid	อากาศเย็น	aa-gàat yen
froid (adj)	เย็น	yen

soleil (m)	ดวงอาทิตย์	duang aa-thít
briller (soleil)	สองแสง	sòrng sǎeng
ensoleillé (jour ~)	มีแสงแดด	mee sǎeng dàet
se lever (vp)	ขึ้น	khêun
se coucher (vp)	ตก	dtòk

nuage (m)	เมฆ	mâyk
nuageux (adj)	มีเมฆมาก	mee mâyk mâak
nuée (f)	เมฆฝน	mâyk fǒn
sombre (adj)	มืดครึ้ม	mêut khréum

pluie (f)	ฝน	fǒn
il pleut	ฝนตก	fǒn dtòk
pluvieux (adj)	ฝนตก	fǒn dtòk
bruiner (v imp)	ฝนปรอย	fòn bproi

pluie (f) torrentielle	ฝนตกหนัก	fǒn dtòk nàk
averse (f)	ฝนห่าใหญ่	fǒn hàa yài
forte (la pluie ~)	หนัก	nàk
flaque (f)	หลมน้ำ	lòm nám
se faire mouiller	เปียก	bpìak

brouillard (m)	หมอก	mòrk
brumeux (adj)	หมอกจัด	mòrk jàt
neige (f)	หิมะ	hì-má
il neige	หิมะตก	hì-má dtòk

86. Les intempéries. Les catastrophes naturelles

orage (m)	พายุฟ้าคะนอง	phaa-yú fáa khá-nong
éclair (m)	ฟ้าผ่า	fáa phàa
éclater (foudre)	แลบ	lâep

tonnerre (m)	ฟ้าคะนอง	fáa khá-norng
gronder (tonnerre)	มีฟ้าคะนอง	mee fáa khá-norng
le tonnerre gronde	มีฟ้าร้อง	mee fáa rórng

| grêle (f) | ลูกเห็บ | lôok hèp |
| il grêle | มีลูกเห็บตก | mee lôok hèp dtòk |

| inonder (vt) | ท่วม | thûam |
| inondation (f) | น้ำท่วม | nám thûam |

tremblement (m) de terre	แผ่นดินไหว	phàen din wǎi
secousse (f)	ไหว	wǎi
épicentre (m)	จุดเหนือศูนย์แผ่นดินไหว	jùt něua sǒon phàen din wǎi

| éruption (f) | ภูเขาไฟระเบิด | phoo khǎo fai rá-bèrt |
| lave (f) | ลาวา | laa-waa |

tourbillon (m)	พายุหมุน	phaa-yú mǔn
tornade (f)	พายุทอร์เนโด	phaa-yú thor-nay-doh
typhon (m)	พายุไต้ฝุ่น	phaa-yú dtâi fùn
ouragan (m)	พายุเฮอริเคน	phaa-yú her-rí-khayn

tempête (f)	พายุ	phaa-yú
tsunami (m)	คลื่นสึนามิ	khlêun sèu-naa-mí
cyclone (m)	พายุไซโคลน	phaa-yú sai-khlohn
intempéries (f pl)	อากาศไม่ดี	aa-gàat mâi dee
incendie (m)	ไฟไหม	fai mâi
catastrophe (f)	ความหายนะ	khwaam hǎa-yá-ná
météorite (m)	อุกกาบาต	ùk-gaa-bàat
avalanche (f)	หิมะถล่ม	hì-má thà-lòm
éboulement (m)	หิมะถลม	hì-má thà-lòm
blizzard (m)	พายุหิมะ	phaa-yú hì-má
tempête (f) de neige	พายุหิมะ	phaa-yú hì-má

LA FAUNE

87. Les mammifères. Les prédateurs

prédateur (m)	สัตว์กินเนื้อ	sàt gin néua
tigre (m)	เสือ	sĕua
lion (m)	สิงโต	sĭng dtoh
loup (m)	หมาป่า	măa bpàa
renard (m)	หมาจิ้งจอก	măa jîng-jòk

jaguar (m)	เสือจากัวร์	sĕua jaa-gua
léopard (m)	เสือดาว	sĕua daao
guépard (m)	เสือชีตาห์	sĕua chee-dtaa

panthère (f)	เสือดำ	sĕua dam
puma (m)	สิงโตภูเขา	sĭng-dtoh phoo khăo
léopard (m) de neiges	เสือดาวหิมะ	sĕua daao hì-má
lynx (m)	แมวป่า	maew bpàa

coyote (m)	โคโยตี้	khoh-yoh-dtêe
chacal (m)	หมาจิ้งจอกทอง	măa jîng-jòk thorng
hyène (f)	ไฮยีนา	hai-yee-naa

88. Les animaux sauvages

| animal (m) | สัตว์ | sàt |
| bête (f) | สัตว์ | sàt |

écureuil (m)	กระรอก	grà rôk
hérisson (m)	เมน	mâyn
lièvre (m)	กระต่ายป่า	grà-dtàai bpàa
lapin (m)	กระต่าย	grà-dtàai

blaireau (m)	แบดเจอร์	baet-jer
raton (m)	แร็คคูน	ráek khoon
hamster (m)	หนูแฮมสเตอร์	nŏo haem-sà-dtêr
marmotte (f)	มาร์มอต	maa-môt

taupe (f)	ตุ่น	dtùn
souris (f)	หนู	nŏo
rat (m)	หนู	nŏo
chauve-souris (f)	คางคาว	kháang khaao

hermine (f)	เออร์มิน	er-min
zibeline (f)	เซเบิล	say bern
martre (f)	มาร์เทิน	maa thern
belette (f)	เพียงพอนสีน้ำตาล	phiang phon sĕe nám dtaan
vison (m)	เพียงพอน	phiang phorn

castor (m)	ปีเวอร์	bee-wer
loutre (f)	นาก	nâak
cheval (m)	ม้า	máa
élan (m)	กวางมูส	gwaang môot
cerf (m)	กวาง	gwaang
chameau (m)	อูฐ	òot
bison (m)	วัวป่า	wua bpàa
aurochs (m)	วัวป่าออรอช	wua bpàa or rôt
buffle (m)	ควาย	khwaai
zèbre (m)	ม้าลาย	máa laai
antilope (f)	แอนที่โลป	aen-thi-lòp
chevreuil (m)	กวางโรเดียร์	gwaang roh-dia
biche (f)	กวางแฟลโลว์	gwaang flae-loh
chamois (m)	เลียงผา	liang-phǎa
sanglier (m)	หมูป่า	mǒo bpàa
baleine (f)	วาฬ	waan
phoque (m)	แมวน้ำ	maew náam
morse (m)	ช้างน้ำ	cháang náam
ours (m) de mer	แมวน้ำมีขน	maew náam mee khǒn
dauphin (m)	โลมา	loh-maa
ours (m)	หมี	měe
ours (m) blanc	หมีขั้วโลก	měe khúa lôhk
panda (m)	หมีแพนดา	měe phaen-dâa
singe (m)	ลิง	ling
chimpanzé (m)	ลิงชิมแปนซี	ling chim-bpaen-see
orang-outang (m)	ลิงอุรังอุตัง	ling u-rang-u-dtang
gorille (m)	ลิงกอริลลา	ling gor-rin-lâa
macaque (m)	ลิงแม็กแคก	ling mâk-khâk
gibbon (m)	ชะนี	chá-nee
éléphant (m)	ช้าง	cháang
rhinocéros (m)	แรด	râet
girafe (f)	ยีราฟ	yee-râaf
hippopotame (m)	ฮิปโปโปเตมัส	híp-bpoh-bpoh-dtay-mát
kangourou (m)	จิงโจ้	jing-jôh
koala (m)	หมีโคอาล่า	měe khoh aa lâa
mangouste (f)	พังพอน	phang phon
chinchilla (m)	คินคิลลา	khin-khin laa
mouffette (f)	สกั๊งก์	sà-gang
porc-épic (m)	เม่น	mâyn

89. Les animaux domestiques

chat (m) (femelle)	แมวตัวเมีย	maew dtua mia
chat (m) (mâle)	แมวตัวผู้	maew dtua phôo
chien (m)	สุนัข	sù-nák

cheval (m)	ม้า	máa
étalon (m)	ม้าตัวผู้	máa dtua phôo
jument (f)	มาตัวเมีย	máa dtua mia
vache (f)	วัว	wua
taureau (m)	กระทิง	grà-thing
bœuf (m)	วัว	wua
brebis (f)	แกะตัวเมีย	gàe dtua mia
mouton (m)	แกะตัวผู้	gàe dtua phôo
chèvre (f)	แพะตัวเมีย	pháe dtua mia
bouc (m)	แพะตัวผู้	pháe dtua phôo
âne (m)	ลา	laa
mulet (m)	ลอ	lôr
cochon (m)	หมู	mŏo
pourceau (m)	ลูกหมู	lôok mŏo
lapin (m)	กระตาย	grà-dtàai
poule (f)	ไก่ตัวเมีย	gài dtua mia
coq (m)	ไกตัวผู้	gài dtua phôo
canard (m)	เป็ดตัวเมีย	bpèt dtua mia
canard (m) mâle	เป็ดตัวผู้	bpèt dtua phôo
oie (f)	หาน	hàan
dindon (m)	ไก่งวงตัวผู้	gài nguang dtua phôo
dinde (f)	ไกงวงตัวเมีย	gài nguang dtua mia
animaux (m pl) domestiques	สัตว์เลี้ยง	sàt líang
apprivoisé (adj)	เลี้ยง	líang
apprivoiser (vt)	เชื่อง	chêuang
élever (vt)	ขยายพันธุ์	khà-yăai phan
ferme (f)	ฟาร์ม	faam
volaille (f)	สัตว์ปีก	sàt bpèek
bétail (m)	วัวควาย	wua khwaai
troupeau (m)	ฝูง	fŏong
écurie (f)	คอกม้า	khôrk máa
porcherie (f)	คอกหมู	khôrk mŏo
vacherie (f)	คอกวัว	khôrk wua
cabane (f) à lapins	คอกกระตาย	khôrk grà-dtàai
poulailler (m)	เลาไก	láo gài

90. Les oiseaux

oiseau (m)	นก	nók
pigeon (m)	นกพิราบ	nók phí-râap
moineau (m)	นกกระจิบ	nók grà-jìp
mésange (f)	นกติ๊ด	nók dtít
pie (f)	นกสาลิกา	nók săa-lí gaa
corbeau (m)	นกอีกา	nók ee-gaa

corneille (f)	นกกา	nók gaa
choucas (m)	นกจำพวกกา	nók jam phúak gaa
freux (m)	นกการูด	nók gaa róok
canard (m)	เป็ด	bpèt
oie (f)	ห่าน	hàan
faisan (m)	ไก่ฟ้า	gài fáa
aigle (m)	นกอินทรี	nók in-see
épervier (m)	นกเหยี่ยว	nók yìeow
faucon (m)	นกเหยี่ยว	nók yìeow
vautour (m)	นกแร้ง	nók ráeng
condor (m)	นกแร้งขนาดใหญ่	nók ráeng kà-nàat yài
cygne (m)	นกหงส์	nók hǒng
grue (f)	นกกระเรียน	nók grà rian
cigogne (f)	นกกระสา	nók grà-sǎa
perroquet (m)	นกแก้ว	nók gâew
colibri (m)	นกฮัมมิ่งเบิร์ด	nók ham-mîng-bèrt
paon (m)	นกยูง	nók yoong
autruche (f)	นกกระจอกเทศ	nók grà-jòrk-thâyt
héron (m)	นกยาง	nók yaang
flamant (m)	นกฟลามิงโก	nók flaa-ming-goh
pélican (m)	นกกระทุง	nók-grà-thung
rossignol (m)	นกไนติงเกล	nók-nai-dting-gayn
hirondelle (f)	นกนางแอน	nók naang-àen
merle (m)	นกเดินดง	nók dern dong
grive (f)	นกเดินดงร้องเพลง	nók dern dong rórng phlayng
merle (m) noir	นกเดินดงสีดำ	nók-dern-dong sěe dam
martinet (m)	นกแอ่น	nók àen
alouette (f) des champs	นกลาร์ค	nók lâak
caille (f)	นกคุ่ม	nók khúm
pivert (m)	นกหัวขวาน	nók hǔa khwǎn
coucou (m)	นกดุเหว่า	nók dù hǎy wâa
chouette (f)	นกฮูก	nók hôok
hibou (m)	นกเค้าใหญ่	nók kháo yài
tétras (m)	ไก่ป่า	gài bpàa
tétras-lyre (m)	ไก่ดำ	gài dam
perdrix (f)	นกกระทา	nók-grà-thaa
étourneau (m)	นกกิ้งโครง	nók-gîng-khrohng
canari (m)	นกขมิ้น	nók khà-mîn
gélinotte (f) des bois	ไก่น้ำตาล	gài nám dtaan
pinson (m)	นกจาบ	nók-jàap
bouvreuil (m)	นกบูลฟินช์	nók boon-fin
mouette (f)	นกนางนวล	nók naang-nuan
albatros (m)	นกอัลบาทรอส	nók an-baa-thrôt
pingouin (m)	นกเพนกวิน	nók phayn-gwin

91. Les poissons. Les animaux marins

brème (f)	ปลาบรีม	bplaa bpreem
carpe (f)	ปลาคารุป	bplaa khâap
perche (f)	ปลาเพิร์ช	bplaa phêrt
silure (m)	ปลาดุก	bplaa-dùk
brochet (m)	ปลาไพค์	bplaa phai
saumon (m)	ปลาแซลมอน	bplaa saen-morn
esturgeon (m)	ปลาสเตอร์เจียน	bpláa sà-dtêr jian
hareng (m)	ปลาเฮอร์ริง	bplaa her-ring
saumon (m) atlantique	ปลาแซลมอนแอตแลนติก	bplaa saen-mon àet-laen-dtìk
maquereau (m)	ปลาซาบะ	bplaa saa-bà
flet (m)	ปลาลิ้นหมา	bplaa lín-mǎa
sandre (f)	ปลาไพค์เพิร์ช	bplaa phái phert
morue (f)	ปลาค็อด	bplaa khót
thon (m)	ปลาทูน่า	bplaa thoo-nâa
truite (f)	ปลาเทราท์	bplaa thrau
anguille (f)	ปลาไหล	bplaa lǎi
torpille (f)	ปลากระเบนไฟฟ้า	bplaa grà-bayn-fai-fáa
murène (f)	ปลาไหลมอเรย์	bplaa lǎi mor-ray
piranha (m)	ปลาปิรันย่า	bplaa bpì-ran-yâa
requin (m)	ปลาฉลาม	bplaa chà-lǎam
dauphin (m)	โลมา	loh-maa
baleine (f)	วาฬ	waan
crabe (m)	ปู	bpoo
méduse (f)	แมงกะพรุน	maeng gà-phrun
pieuvre (f), poulpe (m)	ปลาหมึก	bplaa mèuk
étoile (f) de mer	ปลาดาว	bplaa daao
oursin (m)	หอยเม่น	hǒi mâyn
hippocampe (m)	ม้าน้ำ	máa nám
huître (f)	หอยนางรม	hǒi naang rom
crevette (f)	กุ้ง	gúng
homard (m)	กุ้งมังกร	gúng mang-gon
langoustine (f)	กุ้งมังกร	gúng mang-gon

92. Les amphibiens. Les reptiles

serpent (m)	งู	ngoo
venimeux (adj)	พิษ	phít
vipère (f)	งูแมวเซา	ngoo maew sao
cobra (m)	งูเห่า	ngoo hào
python (m)	งูเหลือม	ngoo lěuam
boa (m)	งูโบอา	ngoo boh-aa
couleuvre (f)	งูเล็กที่ไม่เป็น อันตราย	ngoo lék thêe mâi bpen an-dtà-raai

serpent (m) à sonnettes	งูหางกระดิ่ง	ngoo hăang grà-dìng
anaconda (m)	งูอนาคอนดา	ngoo a -naa-khon-daa
lézard (m)	กิ้งก่า	gîng-gàa
iguane (m)	อีกัวนา	ee gua naa
varan (m)	กิ้งกามอนิเตอร์	gîng-gàa mor-ní-dtêr
salamandre (f)	ซาลาแมนเดอร์	saa-laa-maen-dêr
caméléon (m)	กิ้งกาคามิเลียน	gîng-gàa khaa-mí-lian
scorpion (m)	แมงป่อง	maeng bpòrng
tortue (f)	เต่า	dtào
grenouille (f)	กบ	gòp
crapaud (m)	คางคก	khaang-kók
crocodile (m)	จระเข้	jor-rá-khây

93. Les insectes

insecte (m)	แมลง	má-laeng
papillon (m)	ผีเสื้อ	phĕe sêua
fourmi (f)	มด	mót
mouche (f)	แมลงวัน	má-laeng wan
moustique (m)	ยุง	yung
scarabée (m)	แมลงปีกแข็ง	má-laeng bpèek khăeng
guêpe (f)	ต่อ	dtòr
abeille (f)	ผึ้ง	phêung
bourdon (m)	ผึ้งบัมเบิลบี	phêung bam-bern bee
œstre (m)	เหลือบ	lèuap
araignée (f)	แมงมุม	maeng mum
toile (f) d'araignée	ใยแมงมุม	yai maeng mum
libellule (f)	แมลงปอ	má-laeng bpor
sauterelle (f)	ตั๊กแตน	dták-gà-dtaen
papillon (m)	ผีเสื้อกลางคืน	phĕe sêua glaang kheun
cafard (m)	แมลงสาบ	má-laeng sàap
tique (f)	เห็บ	hèp
puce (f)	หมัด	màt
moucheron (m)	ริ้น	rín
criquet (m)	ตั๊กแตน	dták-gà-dtaen
escargot (m)	หอยทาก	hŏi thâak
grillon (m)	จิ้งหรีด	jîng-rèet
luciole (f)	หิ่งห้อย	hìng-hôi
coccinelle (f)	แมลงเต่าทอง	má-laeng dtào thorng
hanneton (m)	แมงอีนูน	maeng ee noon
sangsue (f)	ปลิง	bpling
chenille (f)	บุ้ง	búng
ver (m)	ไส้เดือน	sâi deuan
larve (f)	ตัวอ่อน	dtua òrn

LA FLORE

94. Les arbres

arbre (m)	ต้นไม้	dtôn máai
à feuilles caduques	ผลัดใบ	phlàt bai
conifère (adj)	สน	sŏn
à feuilles persistantes	ซึ่งเขียวชอุ่ม	sêung khĭeow chá-ùm
	ตลอดปี	dtà-lòrt bpee
pommier (m)	ต้นแอปเปิ้ล	dtôn àep-bpêrn
poirier (m)	ต้นแพร	dtôn phae
merisier (m)	ต้นเชอรี่ป่า	dtôn cher-rêe bpàa
cerisier (m)	ต้นเชอรี่	dtôn cher-rêe
prunier (m)	ตนพลัม	dtôn phlam
bouleau (m)	ต้นเบิร์ช	dtôn bèrt
chêne (m)	ต้นโอ๊ค	dtôn óhk
tilleul (m)	ตนไม้ดอกเหลือง	dtôn máai dòrk lĕuang
tremble (m)	ต้นแอสเพน	dtôn ae sà-phayn
érable (m)	ตนเมเปิ้ล	dtôn may bpêrn
épicéa (m)	ต้นเฟอร์	dtôn fer
pin (m)	ต้นเกี๊ยะ	dtôn gía
mélèze (m)	ตนลารช	dtôn lâat
sapin (m)	ต้นเฟอร์	dtôn fer
cèdre (m)	ตนซีดาร	dtôn-see-daa
peuplier (m)	ต้นปอปลาร์	dtôn bpor-bplaa
sorbier (m)	ตนโรแวน	dtôn-roh-waen
saule (m)	ต้นวิลโลว์	dtôn win-loh
aune (m)	ตนอัลเดอร์	dtôn an-dêr
hêtre (m)	ต้นบีช	dtôn bèet
orme (m)	ตนเอลม	dtôn elm
frêne (m)	ต้นแอช	dtôn aesh
marronnier (m)	ตนเกาลัด	dtôn gao lát
magnolia (m)	ต้นแมกโนเลีย	dtôn mâek-noh-lia
palmier (m)	ต้นปาลม	dtôn bpaam
cyprès (m)	ตนไซเปรส	dtôn-sai-bpràyt
palétuvier (m)	ต้นโกงกาง	dtôn gohng gaang
baobab (m)	ตนเบาบับ	dtôn bao-bàp
eucalyptus (m)	ตนยูคาลิปตัส	dtôn yoo-khaa-líp-dtàt
séquoia (m)	ตนสนซีควัยา	dtôn sŏn see kua yaa

95. Les arbustes

| buisson (m) | พุ่มไม้ | phúm máai |
| arbrisseau (m) | ต้นไม้พุ่ม | dtôn máai phúm |

| vigne (f) | ต้นองุ่น | dtôn a-ngùn |
| vigne (f) (vignoble) | ไร่องุ่น | râi a-ngùn |

framboise (f)	พุ่มราสเบอร์รี่	phúm râat-ber-rêe
cassis (m)	พุ่มแบล็คเคอรร์แรนท์	phúm blàek-khêr-raen
groseille (f) rouge	พุ่มเรดเคอรร์แรนท	phúm râyt-khêr-raen
groseille (f) verte	พุ่มกูสเบอร์รี่	phúm gòot-ber-rêe

acacia (m)	ต้นอาเคเซีย	dtôn aa-khay-chia
berbéris (m)	ต้นบาร์เบอร์รี่	dtôn baa-ber-rêe
jasmin (m)	มะลิ	má-lí

genévrier (m)	ต้นจูนิเปอร์	dtôn joo-ní-bper
rosier (m)	พุ่มกุหลาบ	phúm gù làap
églantier (m)	พุ่มดื๊อกโรส	phúm dòrk-rôht

96. Les fruits. Les baies

| fruit (m) | ผลไม้ | phǒn-lá-máai |
| fruits (m pl) | ผลไม | phǒn-lá-máai |

pomme (f)	แอปเปิ้ล	àep-bpêrn
poire (f)	ลูกแพร	lôok phae
prune (f)	พลัม	phlam

fraise (f)	สตรอว์เบอร์รี่	sà-dtror-ber-rêe
cerise (f)	เชอรร์รี่	cher-rêe
merise (f)	เชอรร์รี่ป่า	cher-rêe bpàa
raisin (m)	องุ่น	a-ngùn

framboise (f)	ราสเบอร์รี่	râat-ber-rêe
cassis (m)	แบล็คเคอรร์แรนท์	blàek khêr-raen
groseille (f) rouge	เรดเคอรร์แรนท	râyt-khêr-raen
groseille (f) verte	กูสเบอร์รี่	gòot-ber-rêe
canneberge (f)	แครนเบอร์รี่	khraen-ber-rêe

orange (f)	ส้ม	sôm
mandarine (f)	ส้มแมนดาริน	sôm maen daa rin
ananas (m)	สับปะรด	sàp-bpà-rót
banane (f)	กล้วย	glúay
datte (f)	อินทผลัม	in-thá-phâ-lam

citron (m)	เลมอน	lay-mon
abricot (m)	แอปริคอท	ae-bprì-khôrt
pêche (f)	ลูกท้อ	lôok thór
kiwi (m)	กีวี	gee wee
pamplemousse (m)	ส้มโอ	sôm oh
baie (f)	เบอร์รี่	ber-rêe

baies (f pl)	เบอร์รี่	ber-rêe
airelle (f) rouge	คาวเบอร์รี่	khaao-ber-rêe
fraise (f) des bois	สตรอวเบอร์รี่ป่า	sá-dtrorw ber-rêe bpàa
myrtille (f)	บิลเบอร์รี่	bil-ber-rêe

97. Les fleurs. Les plantes

fleur (f)	ดอกไม้	dòrk máai
bouquet (m)	ช่อดอกไม้	chôr dòrk máai
rose (f)	ดอกกุหลาบ	dòrk gù làap
tulipe (f)	ดอกทิวลิป	dòrk thiw-líp
oeillet (m)	ดอกคาร์เนชั่น	dòrk khaa-nay-chân
glaïeul (m)	ดอกแกลดีโอลัส	dòrk gaen-dì-oh-lát
bleuet (m)	ดอกคอร์นฟลาวเวอร์	dòrk khon-flaao-wer
campanule (f)	ดอกระฆัง	dòrk rá-khang
dent-de-lion (f)	ดอกแดนดิไลออน	dòrk daen-dì-lai-on
marguerite (f)	ดอกคาโมมายล์	dòrk khaa-moh maai
aloès (m)	ว่านหางจระเข้	wâan-hăang-jor-rá-khây
cactus (m)	ตะบองเพชร	dtà-bong-phét
ficus (m)	ตนเลียบ	dtôn lîap
lis (m)	ดอกลิลลี่	dòrk lí-lêe
géranium (m)	ดอกเจอราเนียม	dòrk jer-raa-niam
jacinthe (f)	ดอกไฮอะซินท์	dòrk hai-a-sin
mimosa (m)	ดอกไมยราบ	dòrk mai râap
jonquille (f)	ดอกนาร์ซิสซัส	dòrk naa-sít-sát
capucine (f)	ดอกแนสเตอร์ชัม	dòrk nâet-dtêr-cham
orchidée (f)	ดอกกล้วยไม้	dòrk glúay máai
pivoine (f)	ดอกโบตั๋น	dòrk boh-dtăn
violette (f)	ดอกไวโอเล็ต	dòrk wai-oh-lét
pensée (f)	ดอกแพนซี	dòrk phaen-see
myosotis (m)	ดอกฟอร์เก็ตมีน็อต	dòrk for-gèt-mee-nót
pâquerette (f)	ดอกเดซี	dòrk day see
coquelicot (m)	ดอกป๊อปปี้	dòrk bpóp-bpêe
chanvre (m)	กัญชา	gan chaa
menthe (f)	สะระแหน่	sà-rá-nàe
muguet (m)	ดอกลิลลี่แห่งหุบเขา	dòrk lí-lá-lêe hàeng hùp khăo
perce-neige (f)	ดอกหยาดหิมะ	dòrk yàat hì-má
ortie (f)	ตำแย	dtam-yae
oseille (f)	ชอร์เรล	sor-rayn
nénuphar (m)	บัว	bua
fougère (f)	เฟิร์น	fern
lichen (m)	ไลเคน	lai-khayn
serre (f) tropicale	เรือนกระจก	reuan grà-jòk
gazon (m)	สนามหญ้า	sà-năam yâa

parterre (m) de fleurs	สนามดอกไม้	sà-năam-dòrk-máai
plante (f)	พืช	phêut
herbe (f)	หญ้า	yâa
brin (m) d'herbe	ใบหญ้า	bai yâa

feuille (f)	ใบไม้	bai máai
pétale (m)	กลีบดอก	glèep dòrk
tige (f)	ลำต้น	lam dtôn
tubercule (m)	หัวใต้ดิน	hŭa dtâi din

| pousse (f) | ต้นอ่อน | dtôn òrn |
| épine (f) | หนาม | năam |

fleurir (vi)	บาน	baan
se faner (vp)	เหี่ยว	hìeow
odeur (f)	กลิ่น	glìn
couper (vt)	ตัด	dtàt
cueillir (fleurs)	เด็ด	dèt

98. Les céréales

grains (m pl)	เมล็ด	má-lét
céréales (f pl) (plantes)	ธัญพืช	than-yá-phêut
épi (m)	รวงข้าว	ruang khâao

blé (m)	ข้าวสาลี	khâao săa-lee
seigle (m)	ข้าวไรย์	khâao rai
avoine (f)	ข้าวโอ๊ต	khâao óht
millet (m)	ข้าวฟ่าง	khâao fâang
orge (f)	ข้าวบาร์เลย์	khâao baa-lây

maïs (m)	ข้าวโพด	khâao-phôht
riz (m)	ข้าว	khâao
sarrasin (m)	บัควีท	bàk-wêet

pois (m)	ถั่วลันเตา	thùa-lan-dtao
haricot (m)	ถั่วรูปไต	thùa rôop dtai
soja (m)	ถั่วเหลือง	thùa lĕuang
lentille (f)	ถั่วเลนทิล	thùa layn thin
fèves (f pl)	ถั่ว	thùa

LES PAYS DU MONDE

99. Les pays du monde. Partie 1

Afghanistan (m)	ประเทศอัฟกานิสถาน	bprà-thâyt àf-gaa-nít-thǎan
Albanie (f)	ประเทศแอลเบเนีย	bprà-thâyt aen-bay-nia
Allemagne (f)	ประเทศเยอรมนี	bprà-thâyt yer-rá-ma-nee
Angleterre (f)	ประเทศอังกฤษ	bprà-thâyt ang-grìt
Arabie (f) Saoudite	ประเทศ ซาอุดีอาระเบีย	bprà-thâyt saa-u-dì aa-ra--bia
Argentine (f)	ประเทศอาร์เจนตินา	bprà-thâyt aa-jayn-dtì-naa
Arménie (f)	ประเทศอาร์เมเนีย	bprà-thâyt aa-may-nia
Australie (f)	ประเทศออสเตรเลีย	bprà-thâyt òt-dtray-lia
Autriche (f)	ประเทศออสเตรีย	bprà-thâyt òt-dtria
Azerbaïdjan (m)	ประเทศอาเซอร์ไบจาน	bprà-thâyt aa-sêr-bai-jaan
Bahamas (f pl)	ประเทศบาฮามาส	bprà-thâyt baa-haa-mâat
Bangladesh (m)	ประเทศบังคลาเทศ	bprà-thâyt bang-khlaa-thâyt
Belgique (f)	ประเทศเบลเยียม	bprà-thâyt bayn-yiam
Biélorussie (f)	ประเทศเบลารุส	bprà-thâyt blao-rút
Bolivie (f)	ประเทศโบลิเวีย	bprà-thâyt boh-lí-wia
Bosnie (f)	ประเทศบอสเนีย และเฮอรเซไกวินา	bprà-thâyt bòt-nia láe her-say-goh-wí-naa
Brésil (m)	ประเทศบราซิล	bprà-thâyt braa-sin
Bulgarie (f)	ประเทศบัลแกเรีย	bprà-thâyt ban-gae-ria
Cambodge (m)	ประเทศกัมพูชา	bprà-thâyt gam-phoo-chaa
Canada (m)	ประเทศแคนาดา	bprà-thâyt khae-naa-daa
Chili (m)	ประเทศชิลี	bprà-thâyt chí-lee
Chine (f)	ประเทศจีน	bprà-thâyt jeen
Chypre (m)	ประเทศไซปรัส	bprà-thâyt sai-bpràt
Colombie (f)	ประเทศโคลัมเบีย	bprà-thâyt khoh-lam-bia
Corée (f) du Nord	เกาหลีเหนือ	gao-lěe něua
Corée (f) du Sud	เกาหลีใต้	gao-lěe dtâi
Croatie (f)	ประเทศโครเอเชีย	bprà-thâyt khroh-ay-chia
Cuba (f)	ประเทศคิวบา	bprà-thâyt khiw-baa
Danemark (m)	ประเทศเดนมาร์ก	bprà-thâyt dayn-màak
Écosse (f)	ประเทศสก๊อตแลนด์	bprà-thâyt sà-gòt-laen
Égypte (f)	ประเทศอียิปต์	bprà-thâyt bprà-thâyt ee-yíp
Équateur (m)	ประเทศเอกวาดอร์	bprà-thâyt ay-gwaa-dor
Espagne (f)	ประเทศสเปน	bprà-thâyt sà-bpayn
Estonie (f)	ประเทศเอสโตเนีย	bprà-thâyt àyt-dtoh-nia
Les États Unis	สหรัฐอเมริกา	sà-hà-rát a-may-rí-gaa
Fédération (f) des Émirats Arabes Unis	สหรัฐอาหรับเอมิเรตส์	sà-hà-rát aa-ràp ay-mí-râyt
Finlande (f)	ประเทศฟินแลนด์	bprà-thâyt fin-laen
France (f)	ประเทศฝรั่งเศส	bprà-thâyt fà-ràng-sàyt
Géorgie (f)	ประเทศจอรเจีย	bprà-thâyt jor-jia

Ghana (m)	ประเทศกาน่า	bprà-thâyt gaa-naa
Grande-Bretagne (f)	บริเตนใหญ่	brì-dtayn yài
Grèce (f)	ประเทศกรีซ	bprà-thâyt grèet

100. Les pays du monde. Partie 2

| Haïti (m) | ประเทศเฮติ | bprà-thâyt hay-dtì |
| Hongrie (f) | ประเทศฮังการี | bprà-thâyt hang-gaa-ree |

Inde (f)	ประเทศอินเดีย	bprà-thâyt in-dia
Indonésie (f)	ประเทศอินโดนีเซีย	bprà-thâyt in-doh-nee-sia
Iran (m)	ประเทศอิหร่าน	bprà-thâyt i-ràan
Iraq (m)	ประเทศอิรัก	bprà-thâyt i-rák
Irlande (f)	ประเทศไอร์แลนด์	bprà-thâyt ai-laen
Islande (f)	ประเทศไอซ์แลนด์	bprà-thâyt ai-laen
Israël (m)	ประเทศอิสราเอล	bprà-thâyt ìt-sà-rǎa-ayn
Italie (f)	ประเทศอิตาลี	bprà-thâyt i-dtaa-lee

Jamaïque (f)	ประเทศจาเมกา	bprà-thâyt jaa-may-gaa
Japon (m)	ประเทศญี่ปุ่น	bprà-thâyt yêe-bpùn
Jordanie (f)	ประเทศจอร์แดน	bprà-thâyt jor-daen
Kazakhstan (m)	ประเทศคาซัคสถาน	bprà-thâyt khaa-sák-sà-thǎan
Kenya (m)	ประเทศเคนยา	bprà-thâyt khayn-yâa
Kirghizistan (m)	ประเทศ คีร์กีซสถาน	bprà-thâyt khee-gèet--à-thǎan
Koweït (m)	ประเทศคูเวต	bprà-thâyt khoo-wâyt

Laos (m)	ประเทศลาว	bprà-thâyt laao
Lettonie (f)	ประเทศลัตเวีย	bprà-thâyt lát-wia
Liban (m)	ประเทศเลบานอน	bprà-thâyt lay-baa-non
Libye (f)	ประเทศลิเบีย	bprà-thâyt lí-bia
Liechtenstein (m)	ประเทศลิกเตนสไตน์	bprà-thâyt lík-tay-ná-sà-dtai
Lituanie (f)	ประเทศลิทัวเนีย	bprà-thâyt lí-thua-nia
Luxembourg (m)	ประเทศลักเซมเบิร์ก	bprà-thâyt lák-saym-bèrk

Macédoine (f)	ประเทศมาซิโดเนีย	bprà-thâyt maa-sí-doh-nia
Madagascar (f)	ประเทศมาดากัสการ์	bprà-thâyt maa-daa-gàt-gaa
Malaisie (f)	ประเทศมาเลเซีย	bprà-thâyt maa-lay-sia
Malte (f)	ประเทศมอลตา	bprà-thâyt mon-dtaa
Maroc (m)	ประเทศมอร็อคโค	bprà-thâyt mor-rók-khoh

| Mexique (m) | ประเทศเม็กซิโก | bprà-thâyt mék-sí-goh |
| Moldavie (f) | ประเทศมอลโดวา | bprà-thâyt mon-doh-waa |

Monaco (m)	ประเทศโมนาโก	bprà-thâyt moh-naa-goh
Mongolie (f)	ประเทศมองโกเลีย	bprà-thâyt mong-goh-lia
Monténégro (m)	ประเทศ มอนเตเนโกร	bprà-thâyt mon-dtay-nay-groh
Myanmar (m)	ประเทศเมียนมาร์	bprà-thâyt mian-maa
Namibie (f)	ประเทศนามิเบีย	bprà-thâyt naa-mí-bia
Népal (m)	ประเทศเนปาล	bprà-thâyt nay-bpaan
Norvège (f)	ประเทศนอร์เวย์	bprà-thâyt nor-way
Nouvelle Zélande (f)	ประเทศนิวซีแลนด์	bprà-thâyt niw-see-laen
Ouzbékistan (m)	ประเทศอุซเบกิสถาน	bprà-thâyt ùt-bay-gìt-thǎan

101. Les pays du monde. Partie 3

Pakistan (m)	ประเทศปากีสถาน	bprà-thâyt bpaa-gèet-thǎan
Palestine (f)	ปาเลสไตน์	bpaa-lâyt-dtai
Panamá (m)	ประเทศปานามา	bprà-thâyt bpaa-naa-maa
Paraguay (m)	ประเทศปารากวัย	bprà-thâyt bpaa-raa-gwai
Pays-Bas (m)	ประเทศเนเธอรแลนด์	bprà-thâyt nay-ther-laen
Pérou (m)	ประเทศเปรู	bprà-thâyt bpay-roo
Pologne (f)	ประเทศโปแลนด์	bprà-thâyt bpoh-laen
Polynésie (f) Française	เฟรนช์โปลินีเซีย	frayn-bpoh-lí-nee-sia
Portugal (m)	ประเทศโปรตุเกส	bprà-thâyt bproh-dtù-gàyt
République (f) Dominicaine	สาธารณรัฐ	sǎa-thaa-rá-ná rát
	โดมินิกัน	doh-mí-ní-gan
République (f) Sud-africaine	ประเทศแอฟริกาใต้	bprà-thâyt àef-rí-gaa dtâi
République (f) Tchèque	ประเทศเช็กเกีย	bprà-thâyt chék-gia
Roumanie (f)	ประเทศโรมาเนีย	bprà-thâyt roh-maa-nia
Russie (f)	ประเทศรัสเซีย	bprà-thâyt rát-sia
Sénégal (m)	ประเทศเซเนกัล	bprà-thâyt say-nay-gan
Serbie (f)	ประเทศเซอรเบีย	bprà-thâyt sêr-bia
Slovaquie (f)	ประเทศสโลวาเกีย	bprà-thâyt sà-loh-waa-gia
Slovénie (f)	ประเทศสโลวีเนีย	bprà-thâyt sà-loh-wee-nia
Suède (f)	ประเทศสวีเดน	bprà-thâyt sà-wěe-dayn
Suisse (f)	ประเทศสวิตเซอร์แลนด์	bprà-thâyt sà-wìt-sêr-laen
Surinam (m)	ประเทศซูรินาม	bprà-thâyt soo-rí-naam
Syrie (f)	ประเทศซีเรีย	bprà-thâyt see-ria
Tadjikistan (m)	ประเทศทาจิกิสถาน	bprà-thâyt thaa-jì-gìt-thǎan
Taïwan (m)	ไต้หวัน	dtâi-wǎn
Tanzanie (f)	ประเทศแทนซาเนีย	bprà-thâyt thaen-saa-nia
Tasmanie (f)	ประเทศแทสเมเนีย	bprà-thâyt thâet-may-nia
Thaïlande (f)	ประเทศไทย	bprà-tâyt thai
Tunisie (f)	ประเทศตูนิเซีย	bprà-thâyt dtoo-ní-sia
Turkménistan (m)	ประเทศ เติรกเมนิสถาน	bprà-thâyt dtèrk-may-nít-thǎan
Turquie (f)	ประเทศตุรกี	bprà-thâyt dtù-rá-gee
Ukraine (f)	ประเทศยูเครน	bprà-thâyt yoo-khrayn
Uruguay (m)	ประเทศอุรุกวัย	bprà-thâyt u-rúk-wai
Vatican (m)	นครรัฐวาติกัน	ná-khon rát waa-dtì-gan
Venezuela (f)	ประเทศเวเนซุเอลา	bprà-thâyt way-nay-sú-ay-laa
Vietnam (m)	ประเทศเวียดนาม	bprà-thâyt wîat-naam
Zanzibar (m)	ประเทศแซนซิบาร์	bprà-thâyt saen-sí-baa

www.ingramcontent.com/pod-product-compliance
Lightning Source LLC
Chambersburg PA
CBHW070824050426
42452CB00011B/2177

THAÏ
VOCABULAIRE

FRANÇAIS
THAÏ

Les mots les plus utiles
Pour enrichir votre vocabulaire et aiguiser
vos compétences linguistiques

3000 mots

Vocabulaire Français-Thaï pour l'autoformation - 3000 mots
Par Andrey Taranov

Les dictionnaires T&P Books ont pour but de vous aider à apprendre, à mémoriser et à réviser votre vocabulaire en langue étrangère. Ce dictionnaire thématique couvre tous les grands domaines du quotidien: l'économie, les sciences, la culture, etc ...

Acquérir du vocabulaire avec les dictionnaires thématiques T&P Books vous offre les avantages suivants:

- Les données d'origine sont regroupées de manière cohérente, ce qui vous permet une mémorisation lexicale optimale
- La présentation conjointe de mots ayant la même racine vous permet de mémoriser des groupes sémantiques entiers (plutôt que des mots isolés)
- Les sous-groupes sémantiques vous permettent d'associer les mots entre eux de manière logique, ce qui facilite votre consolidation du vocabulaire
- Votre maîtrise de la langue peut être évaluée en fonction du nombre de mots acquis

T&P Books Publishing
www.tpbooks.com

ISBN: 978-1-78767-259-8

Ce livre existe également en format électronique.
Pour plus d'informations, veuillez consulter notre site: www.tpbooks.com ou rendez-vous sur ceux des grandes librairies en ligne.